一所懸命

ラグビーは教育だ！

中村 誠

一所懸命　目次

はじめに

昭和三十四（一九五九）年四月。日本体育大学を卒業した私は、國學院大學久我山高校の体育教員となり、四十三年に及ぶ監督生活のスタートを切った。当時のラグビー部は、放課後、グランドで部員五〜六名が、ラグビーボールを蹴って遊んでいるという状態であった。試合となると人数が足りず、体育の時間に運動能力の高い者を見つけては誘い、柔道部やサッカー部の生徒を引っぱってきては試合に出して、やっとの思いで十五名を揃えるといったことが何年も続いた。

ラグビー部を「つくる」とはどういうことか。まずは部員を集めることだ。しかし、それには各クラス担任の協力が必要だ。担任が応援してくれる部でなくてはならない。そのことに気づいた私は、部員に口を酸っぱくして言い続けた。「遅刻をするな」、「服装を正せ」、「掃除当番はしっかりやれ」、「授業中に居眠りをするな」、「ノートを取れ」、「担任の言うことを守れ」、「宿題は必ずやれ」、「予習をしろ」、「復習をしろ」……。ラグビー部員としての活動の以前に、クラスの中の一生徒として、やるべきことをきちんとやれ、ということである。数年経つと、各担任がクラスの悪童に、ラグビー部に入って鍛えてもらえ、などと言ってくれるほどに変化していた。「ラグビー部員である前に、よき久我山高校生であれ」という、私の指導方針を認めてくれたのであろう。次第に部員が増加していった。集まった彼らの熱意も年々膨らんでいった。

昭和三十九（一九六四）年。甲府市で行われた関東大会に初出場した日のことは今でも忘れられない。喜んでくれたOBが多勢応援に来てくれた。嬉しかった。

昭和四十四（一九六九）年。全国高校ラグビー大会に初出場。チームは確実に成長を遂げていた。しかし、いざ本番になると、何をやっているのか分からぬうちに、アッと思う間に試合は終わっていた。私は、全国大会に出場するだけでなく、次は勝ってやるという気持ちになった。勝つためにはどうすれば良いか。優勝回数日本一の秋田工業高校はなぜあんなに勝っているのか。秋工に見習うべきことが多くあるのではないか。そのような思いから、久我山ラグビー部の秋工通いが始まった。その後、全国大会での勝利を積み重ね、私と部員の熱意はさらに燃え上がっていく。私は久我山ラグビーに新たな目標を課した。全国制覇である。

この大きな目標を達成するために、部員たちは激しい練習を連日こなした。休日となれば八幡山に出向き、早朝から日の暮れるまで、宿敵目黒高校と切磋琢磨を繰り返した。秋工へ幾度も足を運び、全国の強豪チームのもとへ遠征し、頂点を目指した。また、ＯＢは遠征・合宿の費用を補助し、グランドへ駆けつけ応援し、物心両面で久我山ラグビーを支え続けてくれた。

昭和五十（一九七五）年度、第五十五回全国大会において初優勝。念願の全国制覇を成し遂げたのだ。部員一同の努力はもちろん、ＯＢ、父母の方々、先生方、同窓会の方々、中学校の先生方等々、まさに、久我山ラグビー関係者全員が一丸となって積み重ねた努力の結晶であった。

その後、昭和六十一（一九八六）年度までに優勝四回、準優勝一回、三位二回、ベスト８三回という輝かしい歴史を築き上げることができた。平成九（一九九七）年度には、私の後任である浜野昭夫監督の下、五回目の優勝を果たした。「久我山ラグビー健在なり」と全国に知らしめることができたのは大変に喜ばしいことであった。

久我山ラグビーの、この火を消してはいけない。この火を燃やし続けなければならない。

未来へ託すもの

全国高校ラグビー大会は平成三十（二〇一八）年度、九十八回の歴史を刻む。その中で秋工の優勝十五回という記録は、この私の生きている間に追いつくことはできないであろう。次は同志社の九回だが、これはすべて戦前の、私が生まれる以前の記録だ。私の監督時代には天理の六回、目黒の五回と続いていた。目黒の五回には追いついた。次なる目標は優勝六回を数える天理を追い抜き、秋工に少しでも近づくことであった。しかし、近年は他チームによって優勝回数が更新されていく。大工大（現・常翔学園）には優勝五回と追いつかれた。啓光（現・常翔啓光学園）は七回、東福岡は六回と両チームに追い抜かれ、昨年度優勝した仰星にも五回と並ばれた。

一人の監督がすばらしいチームを作ったが、その人が去るとチームも衰退してしまうといった例は数多くある。だが、私は考えるのだ。この久我山を、この私が死んでしまった後にも、優勝回数をどんどん増やしていく、常に高校ラグビー界をリードしていく、強い久我山にしなければならない。昭和六十三（一九八八）年、監督を後進に譲った。私はまだまだ元気だった、もっともっと、という気持ちもあった。しかし、時代は流れていく。新しい人間が、次なる久我山をものにしなければならない。準優勝ではダメだ。一番にならなければだめなのだ。

指導者が変わっても、時代が流れても、久我山は高校ラグビー界のトップにいなければならないのだ。それは、常に高校ラグビー界の牽引者となるだけではなく、ひいては大学や社会人ラグビーなどで多くの優秀な久我山ＯＢが活躍することにもつながるであろう。卒業生は各大学のラグビー部に入り、各地で行われる大学の試合には久我山ＯＢが多勢出場している。大学選手権はまるで久我山のＯＢ戦のようだ……などと夢のようなことをずっと考えてきた。そして、大学ラグビーで活躍した久我山ＯＢはやがて社会人となり、社会で活躍する人間へと成長していく。ラグビーこそ教育だ！

一つの大きな目標を持つ。あらゆる欲望を打ち払い、ガムシャラに努力する若者の姿がそこに在る。ラグビーは教育だ。自信をもって大きな声で言うことができる。ラグビーこそ教育だ。

自分の青春に強烈な足跡を残し、久我山ラグビーに自信と誇りを持つ、そんな卒業生を送り出したいと思いながら私は指導に熱中してきた。今は、若い人達の情熱に期待するばかりだ。二〇一八年、久我山ラグビー創部七〇周年を機に、新たに迎えるＯＢ会役員以下、監督、コーチ、多方面で活躍しているＯＢの面々、そして、現役部員諸君、すべての若い方々の情熱で、六回目の全国優勝を、ぜひ実現してほしい。久我山ラグビーの火を、永遠に燃やし続けるためにも。

1 一所懸命

昭和十一（一九三六）年十一月六日、私は東京都武蔵野市の吉祥寺で生まれ、育ちました。昭和十六（一九四一）年十二月八日に太平洋戦争が開戦したとき、私は五歳になったばかりでした。大変な時代でした。戦争中も、戦争が終わってからも。

闇市、防空壕、不発弾

今みたいに平和で落ち着いた時代ではなかったですからね。お袋さんにしてみれば、息子たちの進学とか、将来はどうするかなんていうことよりも、とにかく今日の食い物。そして明日の食い物。それを探して歩くのが大変だから。闇市に一所懸命に行って、食べ物屋があっても、昼飯にありつくのに朝から並んで。何か食べたらまたすぐ、どこか食べられる所を探して並ぶんです。今日の食い物、明日の食い物を一所懸命に探して歩く。自然界の動物みたいなものです。そういう時代でした。

吉祥寺にあった私の家は、直接爆弾は受けなかったんです。それでも、庭に防空壕を掘っていました。爆弾が落っこちたら役にも立たない防空壕を掘って、家の中のタンスを入れて支えにして、上に戸板を張って。あんなもの爆弾が落っこちてきたらひとたまりもなかったでしょう。それでも空襲警報が鳴ると、そこに入っていました。

三鷹に中島飛行機という、戦闘機を作る工場があったんです。今は公園（武蔵野中央公園）になっている所に。そこを狙って爆弾がけっこう落とされました。それが井の頭公園にもずいぶん落ちて、不発弾がいつ破裂するか分からないからって、あの辺一帯、退避させられて。軍隊の爆弾処理班が来て、爆弾を処理したんでしょうね。終戦間際にはそういうこともありました。

疎開

お袋さんが、もうこれじゃあ生きられないと思って、私と兄貴を連れて疎開することになったんです。お袋さんの父親の親戚だったのかな。京都の京丹後方面の、丹波の山の中に。疎開するっていっても、荷物を送るだけでも大変なんですよ。何しろ戦時中ですから。列車で秋葉原だか東京駅だかまで荷物を持って行かないと送れないんです。その上、送る荷物に制限があって、大きさと重さが決まっていて、小っちゃい物しか送れなかったんですね。その小さい荷物を持って、列車に乗って毎日、お袋さんが秋葉原だか東京駅まで通っていたんです。

私は乗り物酔いするんです。今でも魚釣りで海に出たらすぐ船に酔うし、車は自分で運転していれば大丈夫ですが、他人の運転で後ろに乗っていて、ちょっと荒い運転されたら酔うんですよ。だから小さい頃は電車に乗れなかったんです。それでお袋さんが、疎開するのに困るから、荷物を送るときに毎日、私を連れて電車に乗って、一駅ごとに電車を降りていたんです。私はホームで、ベンチに寝かされる。薄っすら覚えてるなあ。

お袋さんは苦労したでしょうねえ。そうやってなんとか必要最低限の荷物を送って、私もなんとか電車に慣れたのかな。三人で電車に乗って、京都の奥の方の山の中へ疎開をしたんです。疎開の準備を始めてから実際に疎開するまでには、半年くらいかかっているんじゃないでしょうか。疎開できたのが三月だったか四月だったか。それで八月十五日に終戦です。

ターザンのように

疎開して田舎の学校に入ったら、田舎の学校の女の先生がまともに名前を呼んでくれないんです。「そこの疎開さん、疎開さん」って呼ばれる。今だったらいじめですよ。ただ私は、井の頭公園で木登りしてたから木登りは得意だったし、池に飛び込んで遊んでたから泳ぐのも得意でした。そういうことは田舎のガキどもにも負けなかった。だから、田舎のガキどもからいじめなんて受けなかったんです。

私が子供の頃は、井の頭公園の池で泳いでいたんです。管理人もいたんでしょうけど、あの辺の子供はみんな、あそこの池に飛び込んで遊んでいたんですよ。それも藻屑《もくず》がいっぱいある所へ飛び込んで。橋の高い所から、わざと藻草の中に飛び込んでね。ズボーッと入ると、藻屑がからまって出てこられない。子供の世界では、深く飛び込んだヤツが偉いんですよ（笑）。なかなか出てこられないから。そういうことをして遊んでいました。ターザンに憧れていましたからね。ジョニー・ワイズミュラーの演ずる、ターザンっていう映画があったでしょう。あれに憧れていたんです。だから泳ぐの得意だし木登り得意だし。竹馬なんか一番高いのに塀の上から乗ったりして。竹藪に行って竹を切って、自分たちで竹馬を作るんです。そういうことは田舎のガキどもにも負けませんでしたね。

蛇だけは……

田舎のガキどもにどうしても勝てなかったのは……蛇の多い所でねえ、蛇。疎開先がお袋さんの父親の関係で、どういう親戚なのかよく分からないんですけど、大きな農家ですよ。敷地の隅に離れがあって、そこに住んでいたんです。あれは六畳か、八畳かな、それぐらいの部屋に三人住んでいたんですけど、とにかく蛇が多い所で。夜、布団を敷こうと思って押入れを開けると、布団の上に蛇がククッと、こう頭を上げているんですよ（笑）。

それに、すぐ前に農道があって……離れの前には溜池があって、雨が降ったりすると、蛇がその溜池のカエルをねらって、シュシュシュシューッと走ってくるんですよ。カエルをパクッと。何しろ蛇が多い。

一番嫌だったのは……戦争中ですから、田舎でも集団登校です。班長みたいな、ガキ大将がいて、そこにみんな集まって。一番後ろから「疎開さん」がついて行くんです。細い農道を通って行くと途中に寺があって、その寺の土手に、蛇がいーっぱいいる。とぐろ巻いているんですよ。田舎のガキどもは平気でそこを通って行く。手が届くような所なんですよ。その蛇たち、田舎のガキどものことはみんな分かっているんでしょうねえ、何もしないんです。でも、一番後ろから疎開さんが行こうとすると、蛇がグーンと頭を上げるんですよ。違いが、分かるんだなあ。こいつは土地っ子じゃないって。私はそこを通るのが怖くて怖くて（笑）。土手の近くまで行くとダーッと走って、田んぼの中をコの字に回って、みんなに追いつくまで走るんです。

学校の帰りには、やっぱりまだ小学生だから、遊びながら帰るんです。学校からちょっと離れたところに川があって、川淵を歩いているとカニがいたりするんです、デカいのがね。みんなカバンを放りだして、素っ裸になって、川の中へダダーッと飛び込む。カニ捕まえて、そのまま泳いで遊んでいるんです。すると、そこへまた……向こうから蛇がチョロチョロッと泳いで来る（笑）。蛇、泳ぐの上手いんですよ。でも川幅があって、流れがあるから、蛇も渡るのはなかなか大変なんですね。ガキどもの肩に蛇がヒュッと止まる。田舎のガキどもは平気で止まらせておくんです。蛇はそこでちょっと休んで、また泳いで行っちゃう。私はそれが嫌で嫌で。怖くて。だから、蛇が来ると川の中に潜っちゃう（笑）。もうそれほど蛇が多い所。あいつらは蛇と友達みたいに慣れているけど、私はどうしても、蛇だけは友達になれませんでした。蛇だけは田舎のガキどもに勝てなかったなあ。

イナゴ

田舎の田んぼに入ると、足にヒルが喰いつくんです。田んぼに入って、イナゴを捕まえるんですよ。針にずーっと糸を通して、たんこぶを作って、捕まえたら針に刺して。そうすると、イナゴが糸に、いっぱいになる。それを二つも三つも肩から下げて家に帰って、糸のたんこぶを切って鍋の中にスーッと入れると、パッパ、パッパ、イナゴが跳ねるんです。鍋にふたをして、そのまま煎《い》る。それで醤油で味付けして食べていました。今、イナゴなんて佃煮だか甘露煮だか、黒く煮たのを売っていますね。ああいうのを自分たちで作っていたんです。食い物の苦労を考えると、田舎の方が多少は良かったでしょうねえ。お袋さんがどういうふうにしていたのか、農家から分けてもらっていたのか、よく分からないですけれども。食い物は疎開してからの方が、東京にいるよりは良かったんじゃないかと思いますね。

お袋さん

戦争が終わって、東京に帰って来てからはまた、食い物で苦労しました。買い出しですよ、ものすごく混んでいる電車に乗って。千葉の九十九里の方に御蔵芝《みくらしば》という所があって、そこが親父の出身地らしいんです。田舎の農家ですよ。とにかく食い物がないから、お袋さんが兄貴と私を連れて三人で、食い物を仕入れに行きました。電車に乗って、どこで降りたのかも分からないですけど。電車を降りてから一〜二時間も歩いて、その親父の実家だか何だかよく分からない農家へ行きました。

私は今でも、あれだけは忘れられない……。農家ってみんな、入ると土間があって、座敷があって、それに広い縁側があって。縁側の上に農家の人がいて、その先は広ーい庭です。その庭で、お袋さんが一所懸命に背負ってきた、着物や帯なんかでしょうねえ、それを差し出しているんですよ。その縁側にいる人が殿様みたいで。私はただ横についていた、物乞いしているようなものですよ。差し出した帯とか着物とかを殿様みたいな男が品定めして、「そこで掘ってけ」、なんて言うんです。何を掘るかというと、さつま芋の種芋ですよ。肥やしをかけて、これから芽を出すんです。お袋さんと私と兄貴と三人で、種芋を一所懸命に掘って、リュックサックにいっぱい詰めて。お袋さんがぺこぺこ頭下げて。それからまた駅まで一〜二時間も歩いて帰って来たんです。あの光景、今でも、なぜか目から離れない。親父は満州でソ連の捕虜になっていましたので、お袋さんが女手ひとつで二人の子供を、我々を生かすために、大変な苦労をして……。あんな光景を思い出したら、もう涙が出ちゃう。そういう苦労をして、育てられたんですよ。

久我山中学高等学校

私は外に出て飛び歩くのが好きでしたから、小学校のときに勉強なんてしていません。だから久我山中学に入ったのは、あの頃の久我山中学は今みたいにレベル高くなくて、他には入る学校がなかったんでしょう。

私が入学したときはまだ岩崎学園。作ったのは岩崎通信機の社長だった岩崎清一先生です。創立が昭和十九年。戦争に勝つには何といっても通信機だと、通信機を、どんどん良い物を作らなきゃいかんということで、まず岩崎通信機という会社を創ったんです。今の岩通（IWATSU）です。岩崎さんという人はあちこちに会社を創って、後は全部人に渡しちゃう。岩崎学園を創って、私が入学したときはすでに、佐々木周二です。久我山の学園を岩崎さんの片腕として創立した人です。佐々木周二先生の前にも校長が何人かいたんですけど、みんな数ヶ月とか半年とかで変わってしまって、実際には佐々木周二、この人がずっと久我山を創ってきたんです。

私が中学三年頃だったたか、岩崎学園の経営が行き詰まって、国学院大学と合併したんです。そのときに、全校生徒を講堂に集めて、昔あった柔道場は最初は講堂だったんです、そこで佐々木周二校長が、国学院大学と合併をするという話をしたんですよ。そこから、国学院大学久我山中学高等学校になったんです。

ラグビーと柔道

私は、なぜか野球はやりませんでした。中学で陸上を少しやった気がします。暴れるのが好きだったから、柔道は一所懸命やりました。高校の三年間は、昼間学校でラグビーをやって、夜は吉祥寺に帰って柔道。吉祥寺の駅から北口を真っすぐに行くと八幡神社があるでしょう。その裏側あたりに鈴木道場っていう柔道場があったんです。この前、久しぶりにそこを車で通ったら、あ、まだある、と思って。昔の建物がそのまま残っていました。ラグビーが終わってから夜に、そこへ通っていたんですよ。

だから、昼間やっていたラグビーも大したラグビーではなかった。へぼへぼラグビーだったんですね、それだけでは物足りなかったんでしょう。そうやって昼にラグビー、夜は柔道とやっていたら、朝に鼻血が出たり、小便にまっ赤に血が混じっていたりするようになって。これはちょっと続けられないかなっていうような、そんなこともありました。

柔道は五段ですが、実力で取ったのは三段です。後は名誉昇段です。久我山で柔道の授業を持っていましたから、柔道に貢献したということで名誉昇段です。だから五段なんて恥ずかしくて言えないですよ（笑）。実力で受けたのは三段まで。

綿井先生と日体大

小学校のときから勉強はせず、久我山に入ってもラグビーと柔道で、後は友達と遊んでいましたから、高校を卒業するときにどこの大学に行こうなんていっても、自分が入れる大学なんて分からない。その頃は久我山の先生だってまだまだで、進路指導をきちんとしてもらった覚えもありません。ただ、お袋さんは一所懸命、大学は行かなきゃならないと言っていたような気がします。でも自分が入れる大学なんてないですから、勝手に一人で、日体大を受けに行ったんです。今みたいにラグビー推薦だとか、先輩が誰かいてとか、そういうことは全くなくて。体を動かすことが好きでしたから、体育の大学っていうのがあるっていうんで、受けたら受かっちゃったんです。今、覚えているのは、実技をやるために教室で着替えていたら、ラグビー部のマネージャーか、学生らしき人が来て、ラグビーやりたいヤツ手をあげろ、なんて言ってるんです。私は手をあげた覚えがありますね。それで入れてくれたのかどうか、そんなことはないと思いますが。

日体大に入ったら、あの綿井永寿《わたいえいじゅ》先生ですよ。綿井先生のもとでラグビーをやって、あ、ラグビーっていうのは、こーーーんなに大変なものなのかって思い知らされました（笑）。学校の中にある寮に住んで、授業は、体育の先生になるための授業だから当然、大変。だけどラグビーはもっと大変で。久我山でやっていたラグビーは、ちゃんとした指導者もいなくて、自分たちで勝手に、遊び半分にやっていたラグビー。日体大に入って初めて、本格的にラグビーの訓練をやらされて、ラグビーっていうのはこーーーんなに大変なものなのかと。

そして、自分がいかにラグビーに向いていないかを思い知らされました。まず体が大きくないでしょう。足だって速くないでしょう。ただ運動神経は良かった。器用だったし。だけど、足が速くないからバックスなんてできない。フォワードへいって、スクラムばかり組んでました。首の後ろ側の皮をベロベロに剝《む》いて、タオル垂《た》らして。日体大の四年間は、ただただ苦しいラグビーでした。

雨が降ると、綿井先生が自転車で伴走して……多摩川を越えた方にみんなで走って、あるいは渋谷の方へ走ったり。あの頃は、東京オリンピックの前、駒沢公園も今のようには整備されていませんでした。あそこにグランドがいくつかあったんです。ラグビーのグランドではないけど、ハンドボールとかサッカーができるようなグランドが。そこへよく走らされました。

あの頃の日体大なんて卒業しただけでは大したところの教員にはなれなかったのではないでしょうか。だから我々よりちょっと上の年代の人たちは、日体大を卒業してからまたどこか他所《よそ》の大学へ行ったんです。綿井先生は日体大を卒業した後に中央大学を卒業しているんです。それで日体大の教員になって学校の近所のアパートに住んでいました。まだ結婚する前でした。日体大のラグビーを強くしようとしていた時期です。練習も激しかった。一つのチームを創るということは大変なことなんですよ。会社をゼロから起こして、あっちこっち資金繰りをして、銀行を駆けずり回って、なんとかまともな会社にするのと同じぐらいの苦労はあるんじゃないでしょうか。

教員として久我山へ

毎日毎日、寮生活で、授業とラグビーでくたくたになっていましたから、将来に対する希望とか展望とか、そんなことを考える余裕はありませんでした。日体大って学校全体で、体育祭の訓練みたいなことをやるんです。そんなときは、寮の押入れの中で布団の間に隠れて、さぼっていました（笑）。寮長みたいな人が見回りに来るんですよ、だから布団の中に隠れたりして。あんまり授業をさぼると単位をもらえないから、計算してぎりぎりまで授業さぼったり。ラグビーの練習が大変で大変で。だから就職だとか将来自分がどうするだとか、そんなことを考える余裕も何もなかったんです。

私は先生になるという確たる希望をもって日体大に入った訳でもないんです。教員になるなんてことも考えていなかったんですけど、日体大っていう大学は卒業生のほとんどが体育の教員になる学校。最近は一般の企業へ就職する人が多いようですけど。だから、日体大で四年間過ごすうちに、自分もやっぱり教員になるのかなあっていう気持になったんでしょうね。それで、四年になって、教育実習をやりに久我山へ行ったんです。そのとき、卒業したら久我山の教員として入れてくれますかなんて、校長に手紙を出しましてね。そうしたら、たまたま空きがあったのかどうなのか、久我山の先生になれちゃったんですよ。たまたま日体大に入って、たまたま久我山の先生になれちゃった。

久我山の先生になったら、自分ができることってラグビーしかないじゃないですか。日体大で死ぬ思いしてラグビーやってきたのでラグビーには自信もありました。その頃の久我山のラグビーもやっぱりまだへぼへぼラグビーでしたから、じゃあラグビー部の指導をしっかりやろうっていうことで、生徒と一緒になってボールを追っかけて。そこからが、私と久我山ラグビーの本格的な始まりです。

骨接ぎ屋（柔道整復師）

久我山の教員になったら、これは単なるラグビーのコーチではないですから、体育の教員としての勉強をしなければならなかった。実技ならまだいいんですよ、でも保健の授業ってなかなか大変なんですよ。週三時間の保健体育のうち一時間は保健、一時間は柔・剣道、一時間が一般体育でした。保健の授業っていうのは、人体の生理から解剖から精神衛生から、公衆衛生から環境問題から大気汚染だの土壌汚染だの水質汚濁だのってもう大変なんです。だから授業の予習をしなければならない。次の日に一時間の授業をするためには、夜に三時間ぐらい勉強しないとできなかったんです。

保健の授業の予習でこんなに苦労して勉強するんなら、その努力をラグビーにも活かせないかって考えましてね。ラグビーをやっていたら、生徒があちこち怪我するでしょう。脱臼なんかしたら激痛じゃないですか。せめて応急処置ぐらいできるようになりたいと思って、骨接ぎ屋（柔道整復師）の学校に通ったんです。夜に、一所懸命。

今はどこのチームでもコーチやトレーナーがいたり担当の医者がいたりするから、監督はラグビーの指導だけで、ほかのことは全部スタッフがやってくれますよね。だけど私のときは何でも一人でやっていました。生徒が怪我をすれば、医者に連れて行って、すぐ親に連絡して迎えに来てもらったり、私が家まで送って帰ったりして。

あの頃、本田自動車（本田技研工業）のバイクが各学校に一台ずつ、配られていたんです。久我山にもそのバイクがあったから、久我山から水道橋まで、バイクで一所懸命に通いました。当時、水道橋の講道館の裏に、東京柔道整復専門学校っていうのがあったんです。学校が終わって夜、そこへ通って。それで国家試験を受けました。私は勉強しない人間でしたから、国家試験なんて受けたのはそのときが初めてです。それも上手く受かっちゃった。骨接ぎ屋（柔道整復師）の免許を取ったんです。

それからは、生徒が脱臼したってその場で、応急処置でポキッと入れられますからね。脱臼なんて関節が外れたら激痛です、だけどポキンと入ると、スーッと楽になるんですよ。それから固定して、医者へ連れて行く。そのほうが本人はうんと楽ですよ。

一所懸命

私は、どうしても教員になりたくて教員になった訳ではなくて、日体大を卒業したら教員になるんだなとなんとなく思うようになって、久我山に教育実習に行って校長に手紙を出したりしていたら久我山に入っちゃった。久我山に入ったら、ここで給料をもらうんだから、一所懸命やらない訳にはいかない、保健の勉強を。久我山の教員になってから一所懸命やったのは保健の授業の予習です。その勉強はしっかりやらざるを得なかった。勉強したついでに柔道整復師の免許も取れちゃった。それからは、ラグビー、ラグビーですよ。ラグビーを指導するようになってからも、その場その場を一所懸命、どうやったら勝てるか、どうやったら強いチームができるかって、その場その場で一所懸命、考えてきた、ただそれだけなんです。だから、座右の銘なんてそんな偉そうなものはないんですけど、あえて言うなら、「一所懸命」ですかね。

2 ラグビーこそ教育

自分の人生

ラグビーの世界って、野球のようにプロで食べていける人は、ほんの一部でしょう。だからやっぱり大学を卒業して、やがては一般の社会人となって、今、日本人の男の平均寿命が八十歳ですから、そこまでどう生きるか。大学卒業してラグビーやっても、三十を過ぎればみんなOBですよ、そこからさらに五十年をどうやって生きて行くのか。

だから高校生には、将来的なことを考えたら、ちゃんと勉強して大学にも行けって言うんです。できればいい大学、偏差値の高い大学に行った方がいいよって。190cmもあるようなものすごい選手、運動神経も抜群だし将来プロで通用すると思えるような選手は、それはラグビーだけを考えればいいですよ。でもそんな人はほんの一部でね。一般の生徒は早稲田や慶応なんかに行った方がいいじゃないですか。残り五十年の人生を考えるからそう思うんです。だから高校生は、自分の先行きもよく考えろよ、ちゃんと勉強もしなきゃだめだよって言うんです。

でも、人生いろいろですから、どういう生き方をしたって悪いとは言えませんけどね。人生いろいろでしょう。勉強して学者になる人もいるし、政治の世界に行く人もいるし、金儲けの世界に行く人もいるし。いろんな生き方があって、どういう生き方が良いとか悪いとかってないわけです。ああ、ああいう人生もあるなって他人の人生を思っても、自分には出来ませんし。やっぱり、自分は自分の人生しか生きて行かれないわけですから。それを高校生、大学生の間に見つけられたら、これは、幸せだと思いますけどね。

自分の人生、どうやって生きて行くかなんて、大学生でもなかなか見つけられない人が多いでしょう。まして高校生で、ラグビーをやっている生徒なんて。だから、まずは自分が今できることを一所懸命にやる。ラグビーに一所懸命に取り組む。自分がどういう道を開いていくかっていうのは、そこから先です。三年間、一所懸命ラグビーやって、じゃあ大学はどうするか。大学へ入ってラグビーを続けるのか辞めるのか。そこから先の人生を選んでいく、決めていくのに、自分が今いったい何をすべきか。高校生ですからね、やっぱり勉強と、取り組んでいるラグビーとを、一所懸命にやっていくしかないんですよ。自分の人生をどう切り開いていくか、そのために、やっぱり今やっていること、今やるべきことに、一所懸命に取り組む。そう教えることが、大きく言えば教育ってことになるのかな、と思います。

体罰問題

学校での体罰とか暴力の問題がしきりに報じられていますよね。動画がネットに流れたりもする。今はちょっと手を出してもすぐ問題になるでしょう。私は今、昌平高校のラグビーのお手伝いをしているんですけど、最近どうだなんて、生徒のお腹《なか》を手でボーンなんてやったりするんです。そうすると、隣から監督なんかが、先生そんなことしないでくださいって言うんですよ。そんなのがFacebookに流れたら大変ですとかって言って。動画が流れたら大変だと。私、殴ってるんじゃないんですよ。スキンシップなんですよ。受けている相手が、それを暴力だと思うか、親しみを込めたスキンシップだと思うかの問題でしょう。どうも私は、親の前でも平気でそういうことをしたりするんですけど、それを写真に撮られて、それが独り歩きするとかね。そんなことで辞めろって言うんだったら、私はいつでも辞めますよ。

だからその辺は、ただ滅茶苦茶にやってはだめなんです。それと、自分は何にもしないで、偉そうな格好して、それで滅茶苦茶なことを生徒にやらせるとか、そういうのはだめです。やっぱり、指導を受ける生徒がどう感じるか、どう感じるようなやり方をするか。愛情とか思いやりっていうのは、それは生徒にも伝わりますよ。本当に自分のためを思って言ってくれているのか、ただ感情的になってやっているのか、受けてる方が分かりますよ。だから、受けている本人がどう受け取るか、それが一番大事だと思うんです。

ケッピン

そう言っている私も、昔はよく叩いたりしました。ただ、理由なく叩いたりはしません。嘘をついたり、何かごまかしたり、そういう生徒はひっぱたいたりしたこともあります。私は久我山の最後の頃は、中学生の授業にも出ていたんです。中学一年なんてまだちびっこ、子供ですよ。で、愛のムチなんていう言葉がありますけど、ムチに愛なんてあるかどうか分からないけど、教室に行くときにムチを持ってたんです。それで、忘れ物した子供がいたりすると、前、出てこーいって言って、ムチでバチーンなんてやってたんです、お尻を。ムチでケツをピンピンやるからケッピン。ケッピン、ケッピンって言っていました。今あんなことやったら暴力だと言われるかもしれないですけど。

中学一年生なんて家に帰ってから、学校であったことを全部親にしゃべりますからね。だから本人がどう受け取るかが大事。ケッピンされて、叩かれた、いじめられたってしゃべるのか。あるいは先生が愛情を持って、まあきれいな言葉を使えば、愛情を持ってやっているのかを、ケツ叩かれた子供が親にどう話すか。忘れ物した子供がいるとケツをピンピンやるでしょう、この間まで小学生だった子供ですから、おサルのおケツはまっ赤っかーなんて言いながら、バチーンてやってねえ（笑）。それから、痛いか？　なに、痛くない？　じゃあまたバチーンなんてやると、大して痛くもないのに、いってーなんて言ってひっくり返るんですよ。まあ、遊んでいるようなもんです。

そういうことを子供は親に全部しゃべる。次の父母会のときに、先生そんなことしたらとんでもないなんて言う親は一人もいませんでした。父母会のたびに、母親が喜んでいたんですから。うちの息子にケツピンどんどんやってくださいって言う母親は何人もいましたよ（笑）。叩かれた子供が、いじめられているとか、暴力を振るわれているとか、そういうふうには受け取っていないんです。

選手と向き合う

嫌いな生徒をいじめるような人がいますよね。ああいうのは生徒に好かれないですね。そりゃあ、人間それぞれの性格があるから、コイツ嫌なヤツだなんて思う生徒だっていますよ。だけど、ラグビーを教えるときにはそういう感情を抜きにして、一人の選手として、きちんと見てあげないといけないんです。たとえ性格が悪くたって、その選手がいかに良くなるか、選手としていかに良くするか、それだけを一所懸命に考えてあげないといけない。一対一で向き合って話をすることが大切です。

今の久我山は学園全体のレベルがうんと上がってきていますね。今、受験で久我山中学に入学するの難しいでしょう。勉強のレベルも高いし、親たちの社会的なレベルも高いんですよ。だから、ちゃんと物事が分かる、きちんと言葉で伝えられる子供が多い。そういう家庭の子供達だから、しっかり教育を受けて、大人になっていくとやっぱりそれなりのレベルの人間になっていくんじゃないかと思います。だからラグビーで指導するのに、ぶったり蹴ったりなんてそんなことをする必要は全くありません。言葉にすればちゃんと頭に入っていきますから。

苦しさの先に

ラグビーの練習は苦しい。苦しんで、真っ黒になって、休まず続けなければならない。苦しいからこそ、その先には楽しさがあるのだ。スポーツを選ぶのは自由だ。しかし、一旦やりかけたら、その苦しさから逃げてはいけない。苦しさを乗り越えて、ラグビーの楽しさを知ってほしい。高校生にこのことを理解しろというのは無理だろうか。

現役部員がラグビーは苦しいだけと考えている間は、久我山は強くはならない。苦しさの先にある楽しさを見つけ出してくれたなら、その時こそ久我山のラグビーは、東京の久我山、「日本の久我山」になるのだ。

スポーツは楽しむためにやるのだ。だがスポーツをやれば必ずゲームがある。ゲームをやる以上、勝つことを目指してやらなければならない。苦しさに負けず、他のチームより、より以上に苦しんで苦しんで最後までやり通した者のみが、勝利の美酒に酔うことができるのである。

「久我山ラガー」第二号（一九六〇年三月）

ラグビーこそ教育

久我山ラグビーも、全国大会に出場して、六年目になります。日本中のラグビー関係者で久我山の名を知らぬ者はないまでになりました。今後は何としても、高校日本一を目指すのみです。部員一同の努力は勿論、ＯＢ、父母、先生方、同窓会の方々、中学校の先生方、等々のご理解、ご援助をいただかなければなりません。精神の発育の最もはげしい高校生達です。何事にも無関心な若者の多い世の中です。一つの目標を持ち、あらゆる欲望を打ち払い、ガムシャラに努力する若者の姿。ラグビーは教育です。自信をもって大声で言えます。ラグビーこそ教育です。自分の青春に強烈な足跡を残し、久我山ラグビーに自信と誇りを持つ、そんな卒業生を送り出したいと思っています。

「ＯＢ通信」第五号（一九七四年十月）

二倍の努力

大学進学は大変です。毎日練習をやって、疲れて帰り、メシを食べて風呂に入れば、誰でも眠くなります。しかし、それでも勉強をやらなければならない。すぐに寝て、朝早く起きるなど、各自工夫をしなければならない。特に現二年生、この一年間の過ごし方で、来年の今、泣きをみるか、ニッコリ笑えるか、各自の自覚と実行あるのみ。久我山に入る時、この三年間は、勉強とラグビーとで一所懸命にやると、約束したはずです。いつまでもテレビを見て、大口あけて、バカ笑いをしているヒマなどないはずです。一つは大学入試と、一つは高校ラグビー日本一と、この二つの目標を、ハッキリと認識し、その達成には、どうしなければならないかをしっかりと自覚し、自分自身を律して、この一年間、本気でやらなければならない。二つの目標を達成するには、二倍の努力が必要だ。努力をした者が喜びを味わうことができるのだ。それぞれガンバレ。

「OB通信」第五十四号（一九八二年三月）

我慢できないことを我慢する

私は思い出す。今から八年前、昭和五十年度（一九七五年）である。主将日下稔、副将長沼龍太で全国大会初優勝の年である。それまで毎年のことであるが、悩みがあった。一学期、二学期とテストの後毎にある父母会、その後の職員会議で、一年生の担任からきまった話が報告される。それは、一年の部員が、ボールを家に持ち帰り、一時間もかかって磨いている、時には親が代わって磨いている、勉強時間がとれない、疲れる、大変だ、学校でクラブをやり、家に帰ってまだこんなことをやらなければならないのか。その結果、学校として、活動時間の制限であるとか、禁止であるとか、何か制限を加えて抑えようとする。当事者としては、何か悪い事をさせているような意識にさえなってしまいそうである。

私は考えた。どこの大学でも、どこの高校でも、ボール磨き、部室の掃除など雑用は全部一年生がやっている。なぜだ。時間で制限しても、昼休みにやるにしても、どうしても問題が残る。いっそのこと、ボールも含め一切の雑用から一年を解放してやったらどうか。ボールなど磨かなくてもいいじゃないか。破れたら買えばいいじゃないか。物を大切にする気持ちなど、どうせないのだ！　等々色々考えたあげく、一つの決心をした。ボール磨き、ボールの持ち運び、ポンプの持ち運び等、ボールに関することは一切二年がやる、一年は自分の練習をやり、それ以外の雑用は一切やらない、すべては二年がやるのだ、と申し入れた。時の二年生は、次の年主将になった砂村光信、副将相沢雅晴以下十一名であった。彼等は昨年一年間、雑用一切をやっている。今年また一年間やらなければならない。大変な抵抗があった。あって当然である。私は彼等を集め、久我山の歴史をお前達が変えて行くんだ、どうしても俺の言うことが納得できないヤツは退部をしろ！　と半分納得させ、半分オドシて、やっと自分達でやりますと言わせた。この年、初の全国制覇が成った年である。

今の久我山ラグビーでは、ボールに関することは当然のこととして二年生がやっている。しかし、その時々の生徒（選手）が、真剣に取り組み、我慢できないことを我慢して、一所懸命にやって来た。だからこそ、現在の久我山ラグビーがある。今は、久我山ラグビーと言えば名門と言われる。しかし、久我山ラグビーは、もっともっと発展させなければならない。勉強の面、生活の面、そしてラグビーそのもの、すべてに優れた、優秀な生徒の集団にしたい。その年、その年の生徒の最大限の努力のつみ重ねが、久我山ラグビーの歴史を作っていくのだ。

「OB通信」第五十九号（一九八三年二月）

辛抱のしどころ

今大学は、春シーズンが終わろうとしています。大学一年生である久我山の卒業生は、大学の新人として、今一番つらい時と思います。高校と違い、一応大人の扱いとなるので、すべて自分で解決しなければなりません。合宿所での生活も、メシ当番、洗濯など雑用が山ほどあるでしょう。周りは上級生ばかりで何でもハイ、ハイと言っていなければならない。そして練習も、久我山でやっているような訳にはいかない。悩み、苦しみ、そろそろいやになってきた者もいるでしょう。しかし、今こそ辛抱のしどころだ。上級生も、ＯＢも先輩もみな、同じように悩み苦しんで、そして乗り越えてきたのだ。一人前の大人になるための訓練と思ってガンバレ。そのうち、各大学からレギュラー選手となって、秩父宮ラグビー場に晴れ姿を見せてくれることを楽しみにしているぞ。ガンバレ。

「ＯＢ通信」第六十一号（一九八三年七月）

一つに打ち込む

人間の能力には計り知れないものが多くあります。知力、体力、気力、その中の知力だけが他より優れていると、どうして言えるのだ。その知力の中の記憶力を中心としたものだけで人間の全能力が計れるか！　知識と経験とを基にした創造性こそがその人間の優秀性だ！　一つのことに打ち込んで、泣くほどの努力をし、そこから得る経験が、その人間のその後の人生にどれほどの力を与えてくれるか、計り知れないものがります。一つの方向に、優れた素質を持っている若者は、優れた人間になる素質を持っているということだ。全人格的に優れた人間などなかなかいない。若者が、一点でも優れた面を持つならば、その点を伸ばして生きていくことこそが、その人間の幸せにつながっていくことだ！

「OB通信」第八十二号（一九八七年十二月）

チャンピオンシップ・ラグビー

昭和六十三年度は、高校は茗渓（と大工大）。大学は大東（と明治）。社会人は神戸製鋼がそれぞれ優勝。日本のラグビー界も、その流れが多少変わってきた感じがしないでもない。新しいもの、変わったもの、少しでもそのような臭いがすると飛びつくのがマスコミであるのかも知れない。昭和六十三年度は、楽しみながらやるラグビー、ノビノビとやるラグビー、エンジョイ・ラグビーなどという言い方がはやっているようである。私は気に入らない。社会人、大学は別として、我々のかかわっている高校ラグビーも、それぞれの学校、それぞれの指導者によって、いろいろな考え方や指導方法があるだろう。しかし、学校教育法の中に定められている、特別教育活動の中のクラブ活動なのである。正課の授業以外の体育大会とか、文化祭、遠足、修学旅行などと同じ、教育活動の一環である。ラグビーを通しての教育なのである。

教育ということは、ノビノビ、楽しく、ばかりではない。教育とは強制が伴うものである。馬を川辺に連れて行くのが指導者で、水を飲むか飲まないかは馬次第だ、などと言っているヤツは、指導者として、大したヤツではない！　馬にとって水を飲むことが大切なことならば、馬の顔を水の中に突っこんでやれ！　馬ごと川の中に落っことしてやれってんだ！　そういう強制をしてでも、必要なことはやらせなければならないのだ！　指導者は、自分のやっていることに自信を持って、水の中に顔を突っ込んでやれ。それが本当の指導者だ。それが教育だ！　そんなにしてまで、やる必要ない。本人にやる気がないからしょうがない。などと言っているヤツは、自分の指導力のなさを知れっテンダ。水辺まで連れて行くことなどしなくたって、馬が勝手に歩いて行くもんだ。そんなことを言う指導者はいなくとも同じだ。「楽しさ」などということは、苦しんで、苦しんで、やっとの思いでそれを乗り越えたとき、初めて味わえるのが「喜び」であり「楽しさ」である。

世間には、色々な人間がいて、色々な考えを持ち、色々な学校があり、いろいろなラグビー部がある。だが、世間がどうであろうと、久我山ラグビーは、遊びではない！ 教育の一環としての真剣勝負だ！ 久我山ラグビーは、レクリエーション・ラグビーではない！ チャンピオンシップ・ラグビーだ！ 人がどう見ようと、どう言おうと、関係ない！ 久我山は、久我山のやり方で、自信と誇りを持ってやっていくだけだ！ 俺は、久我山でラグビーをやっているんだ。俺は久我山ラグビーのＯＢなんだ。ということに、誇りを持って、それぞれの世界に生きてほしい。

「ＯＢ通信」第八十八号（一九八九年二月）

浪人中の諸君へ

東大に入ることが人生の目的ならば、入学したなら、人生は終わりだ。五年も六年も受験しているヤツは。身長が１７０㎝のヤツが日本代表のロックになろうとして、一生懸命練習しているのと同じだ！ だめなものはだめなのだ！ 人生いかに生きるべきか。大学に行かなければ幸せな人生は送れないのか。幸せとは何だ。六〇億の人間の生きていることの地球上で、大学などに進んだ者は、その１％にも満たない。この日本では学歴社会だから、いい大学に行かなければだめだ……なに言ってやんでー。いい大学に行ったヤツが必ずしも幸せな生活をしているか。いい大学に行かなかったヤツは幸せな生活ができないのか。その可能性が高いなどと言うヤツがいる。バカ言ってんじゃねえや。そんなことは個人の問題だ。その人間の問題だ。人生とは、幸せとは、仕事とは、社会とは、生活とは、人間とは、という人生観の問題だ！　価値観の問題だ！　ラグビーだって同じだ。正月の全国高校ラグビー大会を目標に、一年間をかけてやる。全国大会に出られない年は、選手に素質がないのか、指導者に素質がないのか、やり方が悪いのか、考え方が間違っているのか、どこかが悪いのだ。グダグダと言えば、すべて言い訳になる。勝ったか負けたかという結果のみが、ものを語るのだ！　合格したか落第したかという結果のみが、すべてを語るのだ！

「OB通信」第九十五号（一九九〇年七月）

ラグビー人生三十五年

高校生活のあるべき姿、高等学校とは、どうあるべきなのか。等々のことがらをつきつめて考えていくと、結局は、高等学校とは勉強をするところであるというところに到達する。しかし、その「勉強」ということの意味に二つあると考えられる。第一の意味は、数学であり、英語であり、試験勉強であり、大学受験であり、机に向かってのいわゆる勉強である。しかし、高等学校では、それ以外に、体育祭があり、文化祭があり、スキー教室、水泳教室、林間学校、遠足等々があり、そして特別教育活動としての部活動がある。前者が狭義の勉強であるのに対し、後者は大人になるための、社会人として生活していくための広義の勉強であると考えられる。部活動をやることによって、上級生とつき合い、下級生のめんどうをみ、教室では見られない生身の先生の姿に接し、他校生ともつき合いができ、大学生や、社会人となったＯＢ達ともつき合いができ、試合のため、各地に旅行する機会ができ、時には国外にまで行くチャンスができる。といったように、教室だけでは絶対に得られない人間関係を持つことができる。これらのことは、生徒達の人間形成の上に重大な影響を与えることになるたいせつな経験であると考えられる。

私は久我山ラグビー部員に、一方だけでも大変な、大学受験のための勉強と、高校ラグビー日本一と、その両方をやれ！　と言う。これには、二倍の努力が必要だ。だからこそ、そこに価値があるのだ！　だからこそ、「俺は久我山でラグビーをやったのだ」という誇りが持てるのだ！　と私は思う。

最後に、最も大切なことは、指導者側の問題である。

一、指導方法を常に反省すること。
一、情熱的、多面的な指導を反復すること。
一、生徒から信頼を得られる指導者であること。
一、生徒の性格、家庭環境の把握（細心さ）。
一、アメとムチのＴＰＯを心得ること。
「できない」のは生徒がダメだからではなく、指導者に「できるようにする」だけの指導力がないからである。
「やる気のない」のは、やる気を起こさせる指導力がないからである。

講演用資料原稿（一九九四年）

3　ラグビーへの情熱

ラグビーは総合格闘球技

ラグビーって格闘じゃないですか。ラグビーはパスゲームだし、かけっこだし、格闘競技だし。総合格闘球技ですよ。今のラグビーはその格闘技っていう部分を大変に重要視して訓練、練習をしていますね。みんな、専門家を雇って、トレーナーとかがついて訓練をしている。私が久我山で指導していた頃はまだそういう訓練の方法が確立されていませんでした。だから私は自分でいろいろと考えて、走ることで下半身は強化できても、普段の練習の中に上半身を強化することはなかなかない、それで、八幡山の明治大学のグランドに鉄棒を作ったんです。鉄棒にぶら下がるのがいちばん良いと思って。毎日、鉄棒にぶら下がって、懸垂をして上半身を鍛える。練習が終わった後は毎日懸垂。懸垂って、体重の軽い選手は十回でも二十回でもすぐできます。だけどプロップなんか最初はぶら下がっているだけ。上がれないのは、ぶら下がっているだけでもいいんですよ。一分間ぶら下がれとかやっていました。そのうちにプロップでもみんな懸垂ができるようになるんです。一年のときは無理でも、三年になれば普通に。

用務員の岡本さん

八幡山の鉄棒、今でもありますね。あの鉄棒、私が作ったんですよ。私が連れて行った久我山の用務員が作ったんです。八幡山のグランドに用務員を連れて行って、勝手に作っちゃった。久我山高校の用務員って優秀なんです。木工、鉄工、植木、何でもやる。出来ない事ないんです。第三グランドにも鉄棒があるでしょう。あれも用務員に作ってもらったんです。

スクラムマシンも作りました。高校ジャパンでイングランド遠征をしたときに（一九七九年）、クラブが使っていたスクラムマシンを、ばっちばっち写真撮って。学校に帰って来て用務員の岡本さんに、こういうもの作りたいんだって、作ってくれないかって写真を見せて。材料費はなかったから、材料は全部その辺で見つけてきて。でも、バネだけは先生、バネだけは買わなきゃしょうがないって岡本さんが言うから、バネを六本だけ買いました。あとは全部、岡本さんが材料集めてきて作ったんです。学校には内緒でね。

まあ、いろんなことを考えました。そういうことばっかり考えていたから、寝ていても、思いつくとぱっと起きて、あ、そうだ、なんて紙に書いて、次の日にはメモを持って用務員にお願いしていました（笑）。

剣道より柔道

久我山では柔道か剣道、武道が必修だったんです。体育の一時間。体育の授業の中の一時間が保健で、一時間が一般体育で、もう一時間が柔道か剣道かどちらかをやらなきゃならない。どうせやるなら、ラグビー部員は格闘技の柔道をやれって、私は何でもラグビーに結びつけますから、剣道より柔道やれって生徒に言ってました。ラグビーっていうのは、ボールを持ってる相手に飛びついて倒そうとするでしょう。それでボールを襲い取る。ボールを持っている方も、襲いかかってきた相手に倒されないように踏ん張る。それでボールを生かす。やっぱり柔道に通じるものがいろいろとあるんですよ。

もう亡くなられましたけど、明治のヘッドコーチだった斎藤寮さん、あの人も柔道が強かったんですよ。高校ぐらいまでは柔道の選手だったと思います。秩父宮で斎藤さんの試合を見たことがりますけど、ボール持ってて、後ろから相手に飛びつかれると、そのまんま背負い投げですよ（笑）。この人、強い人だなーって思って見てました。やっぱり格闘技っていう部分では、柔道とラグビー、通じるものがあるんですねえ。

一番の練習は試合

今は練習の方法がすごく緻密になってきていますよね。試合の内容に近い練習がいろいろと出来ています。だけど昔は、ラグビーの練習っていったら、まずランパスです。ランパス五本も十本もやって、もうくたくたになって、それからフォワードはスクラム、バックスはスタートなんてやっていたんです。どこのチームでもそういう形だったでしょう。ああいう練習を見たりして私が感じたのは、試合になったらこの方法、通用するのかなっていう疑問ですよ。ランパス十本やったって、そんなことで強くなるのかっていう大変な疑問がありました。試合になったら練習でやっていない場面がたくさん出てくるし、その場面その場面が、どんどん変わっていくでしょう。それを練習で全部作り出すっていうことは、大変難しいと思っていたんです。だから、試合をやることが一番の練習だって考えたんです。

それで、八幡山へ行って明治大学のグランドを借りて、朝から晩まで目黒と試合、試合、試合です。そしてそれが、だれちゃいけない。慣れあいで試合したんではダメなんです。どうやったら選手が、この一本一本の試合を一所懸命にやるか、そういう事ばっかり考えていました。だから、試合に負ければ罰ゲーム、勝ったらアイスクリームだとか（笑）。

勝つ喜びと、負ける辛さ。それをいかに教え込むか。試合になったらもう死に物狂いで勝たなきゃいけないんだっていう、そういうことをどうやったら培うことができるか。

目黒の梅木（恒明）監督なんて、負けたらもう滅茶苦茶です。自分が背広を着たままで、生徒にタックルしちゃうんですから（笑）。梅木さんが笛を吹いていて、目黒が負けていると、30分ハーフが40分になったり50分になったりして、えらい長いじゃないかなんて、全然試合が終わらない。目黒が勝つまで終わらないんですよ（笑）。そういう人でした。それで一本勝ったら、勝った勝ったって騒いで、もうしゃくにさわるんですよね。

罰ゲーム

慣れあいで試合をしても意味ないですからね。だから負けたチームにはきついことをするわけです。久我山でやっていた罰ゲームっていうのは要するに、試合になったら何がなんでも勝たなきゃならないんだっていう、そういう気持ちを植え付けたかったんです。罰ゲームを思いついた理由はそういうことです。負ければ一周走とか。グランド一周を一分以内でとか。一周一分って、ウイングの選手だったらスイスイ来る。だけどプロップなんかは大変ですよ。昼間にスクラムを何十本も組まされているでしょう。途中から足が重くなってくるんです。プロップは一分切れないから、ずーっと走らされるわけです。

北島先生

北島忠治先生っていう人は、非常におおらかな人でした。よその学校の人間が自分のグランドに来て、勝手に鉄棒を作っちゃうなんて、普通だったらとんでもない話でね（笑）。土日の試合にしても、北島先生が、それはもうおおらかな人で、受け容れてくれました。普通だったら学校の管理課の人なんかが来て、グランドを使うんだったら届を出せとか、使用料がどうだとかっていう話になるじゃないですか。それを北島先生が、明治の邪魔するわけじゃないんだから、空いてる時間にラグビーやるんだから良いじゃないかってことで、何にもなしです。非常におおらかなんです、北島先生は。

稽古場の練習

昔はどうして、どこのチームも同じような練習をしていたかというと、英国からラグビーが入ってきて、まず先輩たちがそういう練習をしてきたんでしょうね。それでラグビーの練習っていのはこういうものだと後輩に教えて、それを高校生なんかは何も考えずに当たり前のこととしてやっていたんじゃないかと思います。

今はもうすっかり変わりました。試合の場面、場面を取り上げて練習をやっている。昔に比べたら、試合に役立つ、効果的な、そういう練習方法がいろいろと生まれてきたっていうか、考えられてきていますね。いろんな外国との交流があったおかげでしょう。日本代表とか高校代表とかがいろいろな国に遠征に行き、いろいろな練習方法を覚えて、そして海外のチームに勝つにはどうしたら良いかと工夫を重ねてきた。それに、今は海外からも選手がいっぱい来ているし、コーチだっていっぱい来ている。そういうことで、ラグビーそのもの、練習も含めてラグビーそのものが国際的になってきたんだと思います。

練習試合の数が減っているような感覚はあります。だけど昔のように、試合でしか経験できないような場面は、だんだん少なくなってきていますからね。試合のいろんな場面を練習で作り出せているというか、練習で経験できてしまう試合の場面が多くなってきている。ただ、その練習が、あくまでも練習で終わってしまってはだめなんです。

たとえば相撲で、稽古場でバンバンやっても、土俵際までいったら、そこで力を抜くとかね。最後の最後まで、踏ん張ってはやらないでしょう。怪我したらいけないから。本番になるとそれが違うんです。相撲中継を見ていると、こいつは稽古場じゃ弱いけど本番になると凄い力を出すなんていうことを解説者が言ったりするじゃないですか。あれはやっぱり、自分でそれなりに考えて稽古しているっていうことなんでしょうね。稽古場で、ぎりぎり土俵際で、無理をして怪我したら何にもならないっていうようなことを考えているんでしょう。ラグビーの場合は、そういう稽古場の練習だけじゃあ、最終的にはだめかなって思います。

ラグビーの質の変化

今考えてみると、私が久我山で指導していた頃のラグビーと今のラグビーでは、もうラグビーの質が全然違ってきていますね。それから鍛える、訓練の方法っていうかな、そういうことも違います。

昔は、フォワードがドーンと行って、バックスにボール出してオープンに回して、またフォワードがドーンと行って。たまにフォワードがバックスのラインに残っていると、フォワードのくせに何そんな所でさぼってるんだなんて言われる（笑）。そんなラグビーをやっていたんですよ。今はフォワードもバックスも一体ですから、ねえ。

久我山が初優勝する頃かなあ、日体大の綿井先生と食事しながら話をしていて、もうこうやってやるのも大変だから、大変っていうか余計な労力だから、バックスでバーッと攻めたら、ラックに全部バックスが入って、フォワードが並べばいいじゃないかなんて言ったことがあるんです。今のラグビーそのものでしょう。綿井先生はそのとき、フォワードとバックスでは一人一人の体格も走力も違うから、そんなことできないよ、っていうようなことをおっしゃっていた記憶があります。

今は、フォワードもバックスも、体格、体力、走力、技術も、みんな同じようになってきています。スクラムしか組めないとか、ボール持ったらパスもできないなんて、今は通用しません。昔はそれこそ、180cm超えるようなやつがバックスにいたら、そんなのはすぐロックだなんて言っていましたけど、今はそうじゃない。練習だってフォワードもバックスも関係なく、ポンとボール取ってそこから全員で攻める、全員で防御するっていう、そういう練習をやるでしょう。

それに加えて、体格、体力、そういう格闘技をやる選手としての体を鍛えることに、うんと力を入れてやっています、どこのチームも。フォワードもバックスも体格的に、体力、走力だって変わらない。そうなってきました。だから今は、バックスもウエイトトレーニングをしっかりやって、プロテインなんか飲んだりして、体力作りをどこの学校も非常に厳しくやっています。

独自のスクラム

今また、練習方法っていうのは、どこのチームもほとんど変わらないんですよ。たとえば今、キース・デイビスっていう外国人コーチが、週に何回か昌平のグランドに来てくれているんですが、キースは流経の大学へも教えに行くし、東海大にも行くし、栗田工業とか社会人も行くし。そこで教えていることはみんな同じです。

ラグビーって、いろんな要素が必要ですから、やったらダメっていう練習はないと思うんですよ。たとえばプロのコーチが教えに来たり、あるいはラグビー協会の普及活動か何かで教えに来たら、そういう練習も一つの方法だと。それで自分達には別の練習方法もあると。そういうものをいろいろ経験して、じゃあ今年の自分達のチームを強くするにはどうしたら良いかっていうことを考えるのが、一番正しいと思うんですね。

久我山で指導していたときに、八幡山に行って明治の大学生とばんばんスクラム組んでいたんですよ。初優勝のときなんて明治のスクラムに勝っちゃうぐらいだったんです。北島先生が出てきて、杖ついて見ている。それでも勝っちゃうから、北島先生が、おおこいつ明治だっていうわけで、それでプロップの菊池は明治大学に入ったんですよ。

いつも明治とスクラムを組んでいるから、早稲田とも組ませてみたいと思って、日比野

（弘）さんにお願いして、東伏見にも何回か行ったんです。全国大会に行く前に。早稲田のフォワードとスクラムを組んでみると、明治のスクラムとはやっぱり違うんですよ。今はどうなのか知りませんけど。明治は体の大きい選手がまともにバチンと当たって、まともにガンガン押してくるけど、早稲田はそうじゃない。頭下げて、押せなくても押されないスクラム。そういうスクラムの組み方をするんです。そういうのを両方見て、両方経験して、じゃあ久我山にはどういう組み方が合うのか、どういう組み方をしたら良いのか、それをまた一所懸命に考えて、自分達のスクラムを作り上げていく。それが一番大事なことなんですよ。

どういう練習が良いとか悪いとかではなくて、早稲田は早稲田で、いかにして明治に勝つか。それを一所懸命に考えていく。高校生を指導する立場とすれば、ああいうやり方もある、こういうやり方もある、それで、今年の自分達のチームを強くするには、じゃあどうするのかっていうことです。

スタイル

ラグビーのスタイルっていうのは、たとえば、縦の明治、横の早稲田っていうような、そういうラグビースタイルは、久我山にはなかった気がしますね。私がいつも考えていたのは、今年のメンバーでどうやったら勝てるかっていうことです。フォワードに優秀な選手がたくさん集まるときもあるし、足の速いバックスのいい選手がいるっていうときもある。毎年違いますからね。選手にとっては、たった三年間ですから。高校ラグビーは。

それに高校生っていうのは、一年と三年じゃ身体つきが大きく違うんですよ。人間の発達の、成長の一番激しい時期ですからね。大学の一年と四年の違いよりも、高校の一年と三年の違いの方が大きいと思います。ついこの間まで中学生だった、中学生なんてまだまだ子供です、その一年が卒業するときには、肉体的にはもう大人になってきますから。その三年間のうちで、選手として使えるのは二年、三年になってからです。ですから、本当に大事なのは、今年の二年、三年を中心とした選手でどうやったら勝てるか、今年のチームで勝つにはどうやったらいいのかっていうことなんです。だから、北島先生みたいにゴールラインに直線的に走れっていうような、あるいは早稲田みたいにゆさぶってゆさぶって、どこかで穴が出来るっていうような、そういうチームとしての型っていうようなものは、久我山にはなかった気がしますね。とにかく今年のチームのことだけを考える。今年のチームで勝つにはどうしたら良いかを一所懸命に考える、それだけです。

それぞれの考え方

今のラグビーは、昔のように練習と試合は全然別ものだっていうような、そういうことではなくなってきていますね。だけどやっぱり、自分のチームが勝つために、もっと何か良い方法はないか、もっと試合を増やしたらいいか、もっと違う方法があるんじゃないかって、一所懸命に考えていかないといけないでしょう。それはつまり、オリジナリティって言うのか、それぞれのチームのやり方、それぞれの考え方が大事だっていうことですよ。だから、プロ選手や社会人と大学生と高校生、みんな同じやり方でいいのかどうか。練習の方法だって、基本的なことは同じでいいかもしれないけれど、チーム創りっていうのは同じにはならないでしょう。選手十五人だし、登録メンバー三十人、部員は八十人も百人もいるわけですから。そこで自分のチームをどうやって創って行くかっていうのは、それぞれのチームのやり方、考え方、いろいろありますからね。

高校生はやっぱり、一日のうちの大半は授業、学業なんですよ。放課後の二、三時間がラグビーに充てられる時間。ただ、チーム創りっていうのは、グランドでの技術的な練習だけではないですからね。生徒の将来的な才能、卒業したらどうするんだ、大学進学はどうするんだ、親はこの子をどうしたいんだ、どうやって育てたいんだっていう、そういうことを全部含んで、一日二十四時間の大半は勉強、ほんの二、三時間がラグビー。そこでいかにチームを創っていくか。学校っていう組織の中の活動の一つですからね、なかなか難しことがいっぱいあります。

宝もの

ラグビーをやってきて本当に良かったと私が思うのは、人間関係ですね。中学のときからいまだにずっと付き合っている（まだ生きている）のが三人いるんです。ラグビーの仲間でね。同級生です。今でもときどき会いますよ。それから、卒業後十年、二十年経ってもまだお中元を贈ってきてくれる卒業生もいます。八十歳を過ぎても昔の仲間やら生徒やら、こうやっていろんな付き合いがある。この世の中に、いまだにこう広くいろんな人とお付き合いが持てるっていうのは、これはもう自分の人生が豊かになった、精神的な豊かさを得ることができた、一つの大事な宝みたいなものですよ。久我山のラグビーを中心とするラグビーの仲間たちが、もう宝ものです。

学問は人生を豊かにするなんて語る人がいますが、私なら、スポーツは人生を豊かにするって言いたい。私にとって、ラグビーほど人生を豊かにしてくれたものはないですからね。お互い、死に物狂いで、喧嘩しながら、苦しみながらやってきたからこそ、卒業した後もずっと繋がりが保っていけるんですよ。そういうことが人生の豊かさなんであってね。やがて、その子供たちがラグビーを始めたなんて話を聞くと、一緒になって喜ぶ。そういうことがまた、自分の人生を豊かにしてくれるんだと思うんですよね。

創部〜監督就任

昭和二十三（一九四八）年　久我山ラグビー部創部
昭和二十七（一九五二）年　國學院大學久我山中学高等学校に改称
昭和三十四（一九五九）年　中村誠教諭がラグビー部監督に就任

ラグビー遊び

久我山のラグビー部を作ったのは篠高一先生です。日本体育専門学校（現・日本体育大学）を卒業して、久我山で体育の先生をやっていた人です。篠先生は久我山へ来て二年半ぐらいいたのかな、その後、日大二高かどこかに移って行ったようです。その頃、学校の経営が上手くいってなかったのでしょう、職員の給与もまともに出ていなかったんだと思います。だから、篠先生は辞めて出て行ったんですよ。そのころ辞めた先生は何人もいたようです。

　久我山にラグビーを植え付けたのは篠先生。それで、その教えを受けたのは一期生、二期生、三期生まで。それは高校の三年、二年、一年生。私が始めたのはそれから三年後ですから、直接の指導は受けていません。私がラグビー部に入ったときに、ラグビーの専門の指導者はいなかったんです。ＯＢが来たりして教えていた。あの頃のラグビーを思い出してみると、ＯＢが来て適当にやって、まあラグビー遊びみたいなものですよ。今だったら都大会の一回戦に出てきてすぐ負けていくようなチームです。普段は人数だってろくに揃わない、そんなチームだったんです。それでも私は、ラグビーで暴れるのは好きでした。だけど、ラグビーがどういうものなのか、自分がラグビーの選手として素質があるのかないのかなんて、なにも分からないでやっていたんです。

アーカイブ

――「OB通信」、「久我山ラガー」

現役時代の想い出

十二歳で小学校を卒業し、昭和二十四年春、岩崎学園久我山中学校に入学。戦後の混乱から抜け出せぬ学園の経営難の時、昭和二十七年、國學院大學との合併により「國學院大學久我山中学・高等学校」となる。

当時の久我山は、二階建ての木造校舎が二棟あり、校舎にはＰ51の機銃掃射の弾痕が残っていた。夏になると校庭は草茫々《ぼうぼう》となり、体育の時間は常に草取りであった。

高校に入り、兄貴がラグビー部であったためか、友人関係であったたか、理由は不明だがラグビー部に入った。同期の部員は十名ほどいたか？　指導者もおらず、自分たちで勝手に「ラグビーらしきもの」をやっていた。仲良く遊んだ思い出はあるが、練習で苦労した思い出はない（忘れてしまったのかもしれない）。

当時の練習といえばまずランパス、次いでスクラム、ラインアウトにスタート、フォローに揺さぶり、キックダッシュなどといった、今の練習と比較できない内容であった。キックダッシュ10本20本などと、ただ選手をいじめるためだけのことであった（監督・コーチなどいなかったため、苦しいことはやらなかった……?）。今はルールが変わったことにより、各高校でスクラムの練習をあまりやらないようだが、スクラムだけは現在の練習に取り入れられるのではないか。試合は千歳高校、豊多摩高校あたりとやったような気もするが、定かではない。

久我山を卒業、日体大に進学、本格的なラグビーの練習に接し、ラグビーとはこれ程までに「辛く、苦しく、大変なことなのだ！」ということを思い知らされた訳で、日体大での四年間が強烈であったことと、教員になってからの想い出が多く、時間も長く（三年間対四十三年間）、その前の「高校時代」の印象があまりない。我々がやっていた高校でのラグビーが「ラグビー遊び」であったということであろう。

OB通信から抜粋

久我山ラグビー部監督に就任

一年をかえりみて

静かにかえりみるとき、この一年間、いったい私は部長として何をしたのだろう。自分が大学を卒業し、久我山への就職が決まったとき、チームを持ったらこの様にしよう、あの様にしようと考え、希望を持っていた。だが、いざチームを持ってみて、「強くする」ということがいかに難しいかということをしみじみ感じた。

第一にゲームを行うのは自分ではないのだ。考えるのは自分で、行うのは生徒である。まして相手は多感な高校生である。ラグビーの練習は苦しい。苦しんで、真っ黒になって、休まず続けなければならない。苦しいからこそ、その先には楽しさがあるのだ。スポーツを選ぶのは自由だ。しかし、一旦やりかけたら、その苦しさから逃げてはいけない。苦しさを乗り越えて、ラグビーの楽しさを知ってほしい。高校生にこのことを理解しろというのは無理だろうか。

現役部員がラグビーは苦しいだけと考えている間は、久我山は強くはならない。苦しさの先にある楽しさを見つけ出してくれたなら、その時こそ久我山のラグビーは、東京の久我山、「日本の久我山」になるのだ。

スポーツは楽しむためにやるのだ。だがスポーツをやれば必ずゲームがある。ゲームをやる以上、勝つことを目指してやらなければならない。苦しさに負けず、他のチームより、より以上に苦しんで苦しんで最後までやり通した者のみが、勝利の美酒に酔うことができるのである。

自分は、母校・久我山に帰って、「君は久我山で何を教えているか」と問われたとき、自分ははっきりと言う。「久我山にラグビーをやりに来たのだ」と。OB諸氏もどうか久我山の未来を見てほしい。十年かかろうと、二十年かかろうと、自分には、それだけの責任があるのだ。

本年度卒業生七名のうち、六名が進学し、五名がラグビーを続ける。数の上では、今までにない記録である。これも何か久我山ラグビー部の未来に明るいものを感じさせはしないだろうか。

「久我山ラガー」第二号（一九六〇年三月）

関東大会初出場〜全国大会初出場

昭和三十九（一九六四）年　関東高校ラグビー大会に初出場
昭和四十（一九六五）年　国体予選で初の決勝進出（保善に敗れる）
昭和四十一（一九六六）年　第46回全国大会都予選で初の決勝進出（保善に敗れる）
昭和四十四（一九六九）年　第49回全国大会に初出場（予選決勝で保善に勝利）

グランド

久我山のグランドにはゴールポストがないんです。今でも。グランド小さいですからね。縦が70メートルぐらい。そこからインゴールを5メートルずつ取ったら、実際は60メートルもないでしょう。狭いんですよ。

朝日生命グランド

十七期（一九六六年卒）から部員が急に増えていますね。まだ八幡山へ行く前かな。この頃にはまだ朝日生命のグランドがあって、そこに毎日のように行っていました。今はグランドなくなって建物になっちゃいましたけど、立派な四百メートルのトラックがあるグランドだったんです。学校から歩いて5分ですから、しょっちゅう行ってました。

八幡山へ

卒業生が十八人、部員が急に増える代がありますよね、二十一期（一九七〇年卒）。この頃からですね、八幡山へ行くようになったのは。花園へ初めて出場したのはこの代です。千葉（佑二）キャプテン。この頃はもう八幡山で、目黒と毎週のように試合をしていました。

保善高校

私が久我山の教員になったとき、東京で強かったのは何と言っても全国優勝四回の保善です。保善に勝とうなんて、考えられないくらい大変なことでした。それでも、どうしたらああいうふうに強くなるのかと思って、保善の新井（隆吉）先生にお願いして、久我山へ来てもらったことがあるんです。練習を一緒にやってくれ、試合やってくれってお願いして。保善の新宿のグランドは小さいでしょう。久我山も小さいんですけど（笑）、それでも久我山の方がいくらか広いんですよ。だから久我山に来てもらったんです。土曜日でしたね。四時間目の授業が終わって、教室からグランドを見ると、保善の選手がもう来ていて、がんがん練習をやっている。久我山の選手はどこにいるんだって捜したら、グランドの端っこの方でまとまって、何かこちょこちょやってるんですよ。お前、ばか、ここはどこのグランドだって（笑）。そういう状態でした。

どうやって強くしようかと考えて、まずは人集めです。今みたいに中学でラグビーの経験者なんていないですからね。だから体育の時間に体格の良いのを見つけたら、お前ラグビーやれなんて引っぱってきて。あるいは柔道部の強そうなやつを連れてきてスクラム組ませたり、陸上部で足の速いのを連れてきたりして、そうやってなんとか人を集めて、試合をしていたんです。

久我山高校も今みたいに優秀な学校ではなかったんですよ。悪いやつもいっぱいいました。遅刻はする、授業中に居眠りをする、放課後の掃除当番はさぼっちゃう、宿題はやってこない、勉強はしない。担任からは、なんだラグビー部のやつはって言われるわけです。担任は自分のクラスの生徒に、ちゃんとしてもらいたいじゃないですか。だからラグビー部の生徒には、授業中に居眠りするな、遅刻するな、服装を正せ、掃除当番をさぼるな、宿題はやれって、そういうことばっかり言っていました。そうやってうるさく、うるさく言っているうちに、だんだんと担任から頼られるっていうか、協力してもらえるようになって、それで少しずつ部員も増えていったんです。

初めて東京の代表になったのが昭和三十九年の関東大会です。場所は甲府。間違いなく甲府。あれはもうはっきり覚えています。これは東京のトップではないんですよ。それでも、関東大会に出場する、東京の六つぐらいのチームの中には入るようになったんです。そのときはＯＢも喜んでくれて、甲府まで応援に来てくれました。

アーカイブ

――「久我山新聞」

クラブで裸のつき合いを

高等学校時代はよく人間の第二の誕生の時代であるといわれる。第二の人生とは何か、それは今までのように大人（特に両親）に依存していた時代から、精神的に独立して自我意識が強くなり、判断力がつき、それらに基づいて己の行動をとるようになる。一個の人間としての個性が出来上がり、いわゆる成人として社会人として生活出来るだけの精神的基礎が出来る時代である。高等学校は、このような精神的影響を受け易い時代の青少年を収容し、大いに刺激を与え、国家の理想とする人間に育て上げようとしているのである。この重要な時代を学校生活を中心として築こうとする生徒達にとって、学校教育活動はどの分野をとっても重要でないものは何一つない。クラブ活動という一分野を取り上げてみても、これが生徒に与える影響は実に重大なものがある。

ここでクラブ活動とは何か、ということについて考えてみたいと思う。クラブ活動、それは文部省の制定する高等学校教育課程の中に、教科、特別教育活動、学校行事として制定され、クラブ活動はこの特別教育活動のなかにホームルーム・生徒会活動・クラブ活動として位置づけられている。このことから高等学校のクラブ活動は「教育の場」であることをはっきりと認めなければならない。クラブ活動は各々のクラブの性格により、その運営に差異は出て来るが、その根底はあくまでも「教育の場」としてのクラブでなければならない。このような見地から、クラブ活動は、生徒の自主的活動であると同時に、その活動は教師の理想と信念によって導かれなければならない。これはクラブ活動担当教師の使命でもある。教師は己の担当するクラブに対しては、己の担当するクラスと同等のエネルギーを費やしてその指導に当たらなければならない。

生徒は自分の所属するクラブの選択は自由である。それはちょうど中学を卒業し、どこの高等学校へ入ろうかと考える場合と同じように、生徒自身の意志によって選ぶべきものである。

そして、決意をして入部をした以上は、高等学校へ入学したと同じように、部員として活動する権利と、部員として行わなければならない義務とが与えられる。ここにクラブ活動のきびしさがある。生徒はここのところをよく理解して、所属クラブの選択をしなければばならない。教師が情熱を持って指導に当たり、部員生徒がよく己の権利と義務を全うし、それぞれがそれぞれの立場を理解した時こそ初めて、クラブ活動でしか味わえない独特の味わいが出て来るのである。教師も、生徒も、教室では現れない真の人間としてのハダカの姿でのつき合いが出来るのである。ここでは、一歩校外へ出れば、顔を合わせてもアイサツもしないような生徒が生まれようはずがないのである。

生徒は自分達の指導者に心酔し、教師は自分の生徒を完全に受け止めて自分達の仲間を愛し、自分達のクラブを愛し、更に自分達の学校を愛し、やがては自分達の社会、国家を愛する心へと発展していかなければならない。

クラブ活動は教育の場である。教育の場である以上ここには強制がともない、きびしさがある。人間だれしも生きている以上苦しみの連続である。この苦しみを乗り越えた時こそ、初めてそこに楽しさが生じる。クラブもやりたいが勉強が大変だ、大学も心配だ、どうしよう。諸君、やりたまえ！　努力をしたまえ！　努力をした人間には必ず道は開けるものだ。この久我山も教師が七十名いる。諸君の嫌いな先生もいるだろう。しかし七十名全員が嫌いな先生ばかりではないだろう。自分の信頼出来る先生を見つけたまえ、そして、その先生にくっついて、その先生の心の奥底まで見とどけてみたまえ。生徒諸君の中には、ただ大学の受験のためにだけこの久我山へ通っている者もいるだろう。そういう生徒も自分の信念に基づいて行動しているのなら、それで大いにけっこう。しかし、これでは高等学校本来の姿ではない。高等学校は単に大学の予備校ではない。高等学校は、教師と生徒の心のつながりがなければならないのだ。卒業してからもいつまでもつき合いの出来るような、心から信頼出来る先生だって必ずいるはずだ。そういう先生を見つけたまえ。

現状の高等学校で、教師と生徒がハダカのつき合いの出来る場があるだろうか。それには、クラブ活動が最も適した場ではないだろうか。このような意味から、人生の最も重要な時期にある、諸君に、クラブ活動参加を呼びかける次第である。

久我山新聞「クラブへのすすめ　人間形成の場」（一九六七年六月）

花園初勝利～全国大会初優勝

昭和四十五（一九七〇）年　第50回全国大会で花園初勝利（対八幡工）。三回戦進出
昭和四十六（一九七一）年　第51回全国大会でベスト8。ラグビー部部歌制定
昭和四十七（一九七二）年　第52回全国大会でベスト4
昭和四十八（一九七三）年　第53回全国大会で一回戦敗退。東京都春季大会で初優勝
昭和四十九（一九七四）年　第54回全国大会でベスト8。OB通信の制作始まる
昭和五十（一九七五）年　第55回全国大会で初優勝（対目黒25対9）

ライバル目黒

ライバルとの想い出といったら、それはもう目黒です。完全なライバル、それこそ殺し合い同然にやっていたのは目黒です。これはもう、最初から最後まで目黒。大東一とか明

大中野とかはずっと後から出てきて八幡山に来るようになったチームで、ライバルっていう感じではないですね。天理とか秋田工業は久我山が花園に出場するようになってから、このチームになんとか勝てるようにと思って目標としてやってきた相手です。普段からライバルとして、コノヤローっと思ってやっていたのは、梅木・目黒（笑）。毎週毎週、それこそ死に物狂いで戦って、寝ても覚めても目黒の梅木監督の顔が浮かんできちゃう、そういうライバルですよ。

頭は冷めている

久我山がやっと強くなって、花園に出るようになって、梅木・目黒をライバルとして、まあよく八幡山に通いました。朝、日曜日っていうと行くでしょう。土曜日は午後から。行くと、目黒はもう先に来ているんですよ。それですぐ試合。準備体操なんてそんなこと何にもなくてすぐ試合。久我山のやつ早くしろ！　なんて梅木さんが怒鳴ってて、キックオフの態勢を整えて待っているんです。こっちはまだ着替えてる。それで五人、六人と着替え終わって、靴のひも締めながらグランドに出て行くでしょう、十人ぐらいになると、ピーなんて笛吹いちゃうんですよ。こっちは人数足りないのに。それで、はいトライなんて言って、勝った勝ったなんて言われる。しゃくにさわるんですよねぇ（笑）。だからこっちも、早くしろ、早く着替えろっ、なんて言って。

それで負ければもう一本、もう一本ってよくやっていました。梅木さんは負けると、腕時計を外してグランドに叩きつけたり、雨で水溜りがある所で背広のまま生徒にタックルしちゃったり。もう発狂したんじゃないかと思うぐらい（笑）。まあ激しい。ただ梅木さんは、頭の中はちゃんと冷めているんですよ。そんなふうにやっておいて、また試合やるでしょう。すっと私の横へ来て、目黒のやつはあれぐらいやらなきゃだめなんだ、こいつらバカだからなんて言ってくる。ちゃあんと、頭の中は冷めているんですよ。意識的にやっているんです。凄い男だったなあ。

北島先生のおかげです

そうやって八幡山へ通って、朝から晩まで、明治のグランドで試合をして。久我山があれだけのチームになれたのは、グランドを解放してくれた北島忠治先生のおかげですよ。目黒だってそう。

憧れの秋田工業高校

秋田工業はお手本であり、憧れのチームです。久我山が花園へ初めて出場したのが昭和四十四年度で、そのときは一回戦で京都代表の花園高校に負けました（8―19）。じゃあどうやったら花園で、全国大会で勝てるのか、一所懸命に考えたんです。花園でずば抜けて優勝しているのは秋田工業でしょう（当時は十三回、現在は十五回）。その一番、優勝回数の多い秋田工業に一度行ってみようと思って。どんな練習をしているのか、どんな所なのか見てみようと。それで夏休みを利用して、秋田へ遠征したんです。

飛行機で一時間っていう時代じゃないですから、新幹線もまだ通っていなかったし、秋田まで夜行列車で行ったんですよ（笑）。夜行列車でとことこ行って、秋田に着いたら、学校から歩いて一〇分ぐらいの所にある旅館に泊まって、みんな旅行気分で浮かれていました。次の日に秋田工業へ出かけて行ったら、今でも覚えてますけど、門を入ったら、ラグビーのボールを持った銅像があるんですよ。みんなその銅像を見て、あ、凄い、やっぱり格好良くて凄い、なんて思って。

グランドに行くと、サッチュウ先生（佐藤忠男先生）がでんっと座って、その周りにOBがぞろぞろいて、グランドにはわんさわんさとOBが集まって、現役生徒と共に走り回っているんです。我々が挨拶すると、あ、来たか、なんて言われて。グランドの脇の線路っぷちに、三角の空き地みたいな所があって、そこでちょっと練習やってなんて言われて。要するに、ＯＢもたくさん集まって、全国目指してガンガンやってるところへ、久我山なんていうチームが来たからちょっと相手してやるかって、そういう感じなんですね。今考えてみれば（笑）。

それで試合はコテンコテンに負けて、すごすごと帰ってきました。やっぱり、十三回優勝っていうのは凄いんだなあと。よし、それじゃあ秋工に勝つまで来てやれと思って、それからは毎年、通いました。でも秋田に通っていたときは全然、勝てませんでしたね。一回も勝てない。いつもこてんぱんに痛めつけられていました。

金砂原頭の想い出

二回、三回と全国優勝をすると、あちこちに呼ばれて講演に行くようになりました。あるとき、秋田の商工会議所だったかに呼ばれて、話をしたことがあるんです。そうしたら、話を聞きに来ている人の中に、秋工のラグビーのＯＢがいっぱいいるんですよ。私は昔、秋工に憧れて秋工通いをしましたっていう話をしたら、その話を聞いていた人が、それでみんな盗まれちゃったんだ、なんて言っていました（笑）。いやあ、だけど喜んでくれましたねえ。

秋工ラグビー部の記念誌に『金砂原頭の想い出』っていう本があるんですね。金砂、金の砂です。要するに砂なんです。秋工は意外と日本海から近いんですよ。その日本海に流れ込む川沿いに学校があって、住所が保戸野金砂町。それでグランドが砂なんですよ。だから走るの大変なんです。秋工の選手の足腰が、そういう所で鍛えられていたということもあるんじゃないでしょうか。

これは、秋工のＯＢと話をしているときに聞いた話なんですが。昔は学校へ通って来るのに、みんな遠くから一時間もかけて歩いて来たんだ、乗り物はせいぜい自転車ぐらいだった、と。それが最近は交通の便が良くなって、バスだの電車だのって乗り物に乗って歩かないから、普段から鍛えられていないんだ。だから都会のヤツと同じになってしまった、と。そんなことを言っていましたね。

鉄筆とガリ版

遠征したり夏合宿するには費用も相当かかりますから、ＯＢからも援助してもらうことにしたんです。でも、ただお金を出してくれって言ってもだめで、現在の久我山がどんなことをやっているのか、何を考えて、どうしたいのかっていうことを知らせなければならないでしょう。それで、ＯＢ通信を書き始めたんです。パソコンなんてありませんでしたから、鉄筆でガリガリ書いて原稿を作って、ガリ版で印刷していたんですよ。自分で刷って。それで、出来上がったＯＢ通信をＯＢ以外にも、父母にも中学の先生にも配っていました。そうすれば、今こういうことをやっていますよ、こう考えているんですよって、みんなに分かってもらえるじゃないですか。

アーカイブ
——『精魂尽して颯爽たり』、「OB通信」

秋工を手本に

昭和四十年頃、わが国学院久我山高校ラグビー部を率いる私は、毎日、どうしたら勝てるか、どうしたら強くなるか、そのことばかり考えていた。その結果、思いついたのが秋田への遠征である。

全国大会優勝十五回という秋田工、このラグビーチームが、どんな環境で、どんな練習をやっているのか、自分の目で見たかったのである。夏休み、全国大会に出場すらしたことのない久我山のラグビー部員を引きつれて、合宿中の秋田工に出向いた。

グラウンド正面に佐藤忠男先生がでんと座している。たくさんのOBと、生徒たちの走り回る姿がいっぱいで、久我山が来たことなどは、まるで眼中にない。試合はもちろん、こてんぱんに痛めつけられて、声も出ずに引きあげてきた。以後、毎年来てやろう、勝つ

まで来てやろうという熱い思いが、私の胸に湧いて来た。

いまは平成5年、この久我山ラグビー部も、全国優勝四回、準優勝二回という、いわゆる強豪の仲間入りができたかと思う。

しかし、秋田工の優勝記録には、この私の生きている間に追いつくことは無理であろう。わが久我山は常に秋工を手本に、秋工を目標にやってきた。これからも久我山の目標は、あくまでも秋工のラグビーである。その伝統ある秋工ラグビーの歴史の中心に、佐藤忠男という人物がいる。


『精魂尽して颯爽たり』（一九九四年五月、佐藤忠男著／秋田魁新報社）

OB通信　第一号

前略　OB各位には益々ご隆盛にお過ごしのことと推察いたします。母校久我山ラグビー部も、全国大会に出場すること五年連続五回を数え、高校ラグビー界にその名を知られるようになってまいりました。今後は、いよいよ全国制覇・日本一の夢を実現させなければなりません。OBも、その数二〇〇名になろうとし、若いOBは、早稲田・明治・青学・東洋・専修など各大学の選手として活躍しております。

ＯＢ会も、ここ数年、ほとんどその活動を停止し、現役に対する援助はもちろん、ＯＢ会自体の集まりもおこなっておりません。久我山ラグビー部が隆盛になるとともに、ＯＢ会も組織を強化し、現役の夏の合宿・遠征・国体や全国大会出場の時などに少しでも援助をし、また合宿に参加、指導をしてくれるＯＢの合宿費なども援助できるようになりたいと考え、年間の行事等を次の通り考えました。

記

一．年会費を一口三千円とする。
一．総会を三月二十一日（祝）久我山高校において行う。
一．ＯＢ名簿を作成し、配布する。
一．援助は夏合宿時、遠征試合の時、国体・全国大会出場時、その他特に必要な時。
一．春季大会・国体・全国大会の組み合わせ表をＯＢにも送る。
一．合宿参加指導のＯＢには、宿泊費の一部を援助する。

とりあえず以上のことを考えましたが、不備な点は徐々に充実させていきたいと思います。

「ＯＢ通信」第一号（一九七四年二月）

石塚武生君が全日本入りしました。

四月二十一日より全日本チームがニュージーランドに遠征しておりますが、本校ＯＢ、早稲田の新キャプテンである石塚武生君が、メンバーの一員として（フランカー）参加しております。彼は身体も大きくなく、足も速くない選手ですが、ねばり強い動き、特に、すばらしいタックルをします。久我山ＯＢ初の全日本入りです。今後ともご声援下さい。

「ＯＢ通信」第二号（一九七四年四月）

目指すは高校日本一！

三月の段階では東海に負け、目黒に負け、秋田工に負け、名古屋工に負け、西京商に負け、負け……でありましたが、関東大会で相模台に勝ち、都決勝で目黒に勝ち、今後、夏の遠征で北海道、秋田、盛岡に於いて、本番の全国大会で勝てる見通しを立てることができれば！　今年度こそ、今度こそ、日本一の夢が実現できると思います。その時にはＯＢ諸君よ、ＯＢ、父母、先生方共々、盛大にパーティをやりましょう。期待して待っていて下さい。

秋工に敗れる（北海道高校ラグビー大会）

「ＯＢ通信」第三号（一九七四年七月）

北海道ラグビー五〇周年を記念し、本年度を第一回とする北海道高校ラグビー大会は、七月二十六、二十七、二十八日の三日間、函館の根崎公園グランドに於いて、道内各地の代表六チームと、本州からの招待チーム（秋田工業高校、国学院久我山高校）の計八校で行われました。一回戦は旭川竜谷高と対戦し47対0にて勝ち、二回戦（準決）地元函館選抜チームと対戦、地元との関係もあり15対10で勝ち、予定通り秋田工と決勝戦を行いました。秋工は昨年度のメンバーがそのまま残り、三月に上京した時に0対60で大敗した強力なチームです。前半、よく戦い、何回も秋工ゴール前に攻め込みましたがトライが取れず、二本のＰＧを取り、１ゴール・１ＰＧを取られ6―9と善戦しましたが、後半は実力の差で16点を取られ、結局6対25で敗れました。

しかし、本年度の秋工は、自他共に認めている実力日本一のチームです。その秋工にこれだけやれたということは、残る四ヶ月で何とか秋工レベルまで近づき、全国大会には何とか打ち破る力をつけたい、また、それができるのではないかと思えるようになりました。

また、大会以外に、北海道のチームと三試合の練習試合を組み、帰路には青森、秋田、盛岡と転戦し、十一泊十二日、十九試合という、ハードスケジュールを消化してきました。特に秋田県は、各校がラグビー専用グランドを持ち、学校・地元・父母・OBが一体となって部を育てております。今回の遠征は、部員にとって非常に良い経験となり、私自身も「日本一への道は遠い」ということをつくづく感じて帰って来ました。

「OB通信」第四号（一九七四年九月）

またも秋工に敗れる（国体で準優勝）

今年の秋工はたしかに強く、三月の練習試合で60点取られ久我山0点、七月末の北海道大会で25点取られ久我山6点（2PG）、七月末帰路秋田での練習試合でまた50点も取られ久我山0点、そして今回の国体で30点取られ東京15点（3PG1T1G）。しかし、正月の全国大会までには何とかしなければなりません。見通しはトライを全然許さなかった秋工に東京のみが1トライ取った（久我山・石井）こと、FWが押し負けなくなったこと（今回後半のセットは東京が押し勝った）、ラック・モールは六割東京に出たこと（特に前半）、また、長沼龍太のPGが敵陣10mライン付近ならばほぼ確実に入ること、この三点から、勝つチャンスは必ずあると思います。残るはタックルです。

全国大会まであと二ヶ月、また八幡山でタックルとスクラムを中心に、キチガイのように練習をやります。現在の全国レベルは秋工をトップに花園が続き、そして久我山、目黒、新潟工業、名古屋工業あたりがトップグループです。今後ともご声援下さい。

「OB通信」第五号（一九七四年十月）

明大ラグビーに感謝

北島忠治先生は偉い人です。「ラグビーをやる者なら、いつでも来い」と言ってくれます。久我山が六年連続代表になれたのも、目黒があれだけの成績を残せたのも、みんな北島先生のおかげです。日曜といえば、八幡山へ通い、グランドを使い、明大部員の胸を借り、指導を受けています。グランド管理人の佐藤さんの家で昼食をご馳走になることもしばしばです。

そのくせ、我が久我山OBは、早稲田で二人もレギュラーになり、明治では一人もレギュラーになっていません。私としては、大変つらいところです。特に早明戦の時など、早稲田の二人には活躍してほしい、そして明治には勝ってほしい。

私の見るところ、明治のラグビーは、北島先生のラグビーに対する理想がデンとあり、これにそぐわない者は、たとえ良い選手でも出さない。それに対し早稲田は「勝つ」こと一点にすべてを集中して考える。良し悪しは別にして、これが根本的に異なる点だと思います。

先日の早慶戦など、早稲田はオールジャパンの三人が抜けたあと、メンバーの多くが二年生でした。あの連中、昨年久我山が全国大会前、東伏見で合宿した時に、上級生があがった後、グランドに残り、久我山の相手をしてくれた一年ボウズ共です。それがいったん早稲田のジャージーを着ると、あれだけやり、絶対強いはずの慶応に勝っちまう。全く、早稲田のラグビーはすばらしいという以外にありません。我が久我山も早稲田に学び、明治の胸を借り、ただただ高校日本一を目指すのみです。日頃の練習を考えると、北島先生始め、明大ラグビーの皆さんに感謝の念がたえません。今後ともよろしくご指導下さい。

「OB通信」第六号（一九七四年十二月）

努力のないところに喜びはない

試験終了日から四月十三日（日）まで一ヶ月間ぶっ通しでキチガイになって練習をやり

ます。相手は目黒、明治のほか、相模台工、東海相模、名古屋工、関商工、黒沢尻工などを予定しておりますがまだまだほかに、秋工、盛工などが来るかも知れません。生徒（選手）諸君は、くれぐれも弱音を吐かないこと！　本年度の「目標」を心に銘記して、絶対に弱音を吐かない強い意志をもってほしい。努力のないところに喜びはない。

ＯＢ諸氏には、もし時間があれば、八幡山の土手に座って日光浴をしながら、見ていて下さるだけで大いに励みになります。久我山ラグビーの「鍛える姿」を見て下さい。

「ＯＢ通信」第八号（一九七五年三月）

八幡山ラグビー道場

明治大学の野辺教授、北島先生および管理人の佐藤さんなどのご理解、ご好意により、土日は毎週、久我山・目黒が通っておりますが、最近はこの久我山・目黒を狙って方々から試合に出かけてきます。日曜の午前中は試合、試合でグランドの空くひまがありません。昨日など、高校チームが五チーム、クラブチーム一つ、社会人チーム二つが入れ替わり試合をし、午後は明治大―中央大の一、二軍戦と、朝九時から、夕方五時過ぎまで八試合もやりました。まるで「八幡山ラグビー道場」の様相をみせております。目黒の父母など、毎週弁当持参で朝から晩まで二〇人～三〇人ぐらい来ています。高校は秋田から、岩手から、長野から、名古屋から、京都から、大阪から、ドンドン出て来ます。五月の連休も大阪の浪商、京都の花園が申し込んで来ています。迎え撃つ久我山・目黒は、片方で東京都春季大会を消化しながら片方で全国レベルのチームの相手をする。全く忙しいことです。しかし、これ等が、久我山も目黒も力を保持し、力を伸ばす原因となっているのです。全く、北島先生始め、明大ラグビー関係諸氏には、感謝にたえません。

「OB通信」第九号（一九七五年四月）

今年も東北遠征

昨年度北海道大会出場を機会に初めて東北遠征を行いましたが、その効果はかなりのものが認められたと思います。本年度北海道大会は目黒に譲りましたが、東北遠征は今年も、今後も続けたいと計画しております。昨年、秋工の校門をくぐったとたんにクシュンとして、声も出ませんでした。が、今年は、胸を張って歩けるだろうと期待しています。秋田では今年は金足農業が強いそうです。岩手では黒沢尻工業が強いようです。この遠征でまた一段と自信をつけてきたいと思います。

春季大会、優勝！

前号でお約束しました通り優勝いたしました。試合前、「今年はウチが勝つよ」という梅木監督（目黒）の自信と、我が方の故障者の回復の程度から一抹の不安があったのですが、実に良く戦いました。これで東京都では三年連続してトップであるが、この力をさらにさらに鍛えて、正月の全国大会に、今年度こそ、今年こそ……である。今学校は試験前で練習は休んでいるが、この期間にそれぞれの故障も治るであろう。試験後にまた、選手諸君の一層の努力を望む。

「OB通信」第十号（一九七五年六月）

金の余る者はいない

毎年OB会で動かすお金が約100万円です。このうちのほとんどを現役チーム強化のための遠征・合宿費の補助に使っています。選手諸君は、このことをよくよく頭において

「OB通信」第十一号（一九七五年七月）

ほしい。金の余る者はいない。だれもが苦しいなかから、久我山ラグビーが優勝することを願って、援助してくれるのです。これに応えるにはどうしたらよいか。選手諸君は肝に銘じて、一層の努力をしてほしい。

「OB通信」第十一号（一九七五年七月）

「自覚」と「やる気」

今年度の久我山は、昨年度のメンバーがそのまま残り、本番の大会の経験も充分、練習試合の数も充分ですが一面、時間をかけて、しっかりと気合いの入った練習を、ほとんどやってない。そこで、この菅平では、試合は少なくして、同宿の東洋大と一緒に、ジックリと練習をやることを目的にやって来ました。選手達も、練習であれだけバテた状態になったのは、しばらくぶりでした。また、早稲田大学の気合いの入った、寸分のスキのない練習も見学し、やはりラグビーにかぎらず何事も「自覚」と「やる気」次第であるとあらためて感じてきました。我が久我山の選手達が、あの早稲田の練習を見て、何を感じ取ってくれたかが問題です。今後に期待しましょう。

「OB通信」第十二号（一九七五年九月）

おことわり

このOB通信、出すたびに、キタネエ字で……とかヘタクソな字で……とかよくききます。タイプ印刷にしようかとも考えてみましたが費用の都合もありますし。マア当分は、このまま続けていきます。字のキタナイのは私が天才だから……と思ってガマンしてください。

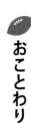

「OB通信」第十三号（一九七五年十一月）

必勝宣言

本年度は、全国大会にただ出場するのみに止まらず、ハッキリと優勝を狙いたいと思っています。すでに新聞紙上に発表されたように、組み合わせも決まり一回戦天理、二回戦大分舞鶴となっています。本年度の練習試合の結果では、天理とは八月に菅平で対戦し、前半のみで32―0で勝っています。舞鶴とは八月二十八日八幡山で対戦し56―24で勝っています。しかし、これはあくまで練習試合であり、天理も舞鶴も全国優勝の経験を持つ伝統のあるチームです。秋から冬に向かって一段と力をつけてくるでしょう。この点差のままとは思えません。しかし、勝ちます。今年の我がチームは昨年度全国大会経験者が一〇名残り、新レギュラーに入った五名も昨年度より一段と実力をつけております。五十年度公式戦不敗、練習試合も明大などほんの一部をのぞいて全勝に近い成績です。今は試験中で練習は休んでおりますが、二十三日から校内で合宿し、また八幡山で明大の胸を借り、最後の仕上げをします。ＯＢ諸氏、関係各方面の皆さん、今年は我が久我山ラグビーに期待して下さい。暮れから、正月。新聞・ラジオ・テレビをお見逃しのなきよう、特に毎日新聞のスポーツ欄を見て下さい。

「ＯＢ通信」第十四号（一九七五年十二月）

初の全国制覇成る（目黒に25―9で勝利）

今年こそは、今年こそは、と思いながら「やっと」の思いです。明大の関係者、病院の佐藤先生等に感謝の気持ちでいっぱいであると同時に、ＯＢ諸氏に対して、また父母、中学校関係の先生方など、久我山ラグビーの応援者に対して、何と言ってお礼を申し上げればよいのか言葉がみつかりません。ＯＢ会で年間約１２０万～１５０万の金を動かします。大半は生徒の遠征・合宿の補助です。また、運動能力の高い、そして勉強も「やる気」のある生徒を送って下さる中学校の先生方、本当にありがたいことです。今回の優勝もみんなこれらの皆さんのおかげです。

最近、特に生徒達に言うことは、グランドで勝っただけでなく、教室でも家庭の生活でも、一人の高校生として、自覚と、責任と、そして自信を持てということです。この点では、未だダメな者がいます。今後は、この点をもっと強調しながら、また新たな気持ちで挑戦します。皆さん、今年度一年間色々と大変ありがとうございました。今後ともよろしくお願いいたします。

「OB通信」第十五号（一九七六年二月）

勝って兜の緒を締めよ

勝ったことにより、座談会、インタビュー記事などが、週刊誌、新聞、テレビなどに沢山でました。また、先週あたりのテレビのクイズ番組の中にも優勝したチームとして久我山の名が出ていたようです。キッカーの長沼龍太あたりは、女学生からのファンレターが毎日のように来ます。

私の心配は、生徒達がチヤホヤされて、まるでスターになったような気になり、自分の立場を忘れ、自覚を失うのではないか、ということです。東京では、すでに新チームで新人戦が行われており、都内の下位のチームと対戦しても、40~50点しか取れません。新チームは、人数も少なく（一、二年で二十三名）、身長・体重ともに低く、軽くなってしまいます。今のままでは、来年正月に二連覇することは夢のまた夢です。

「OB通信」第十五号（一九七六年二月）

二回目の全国優勝

昭和五十一（一九七六）年　第56回全国大会に出場、ベスト4
昭和五十二（一九七七）年　第57回全国大会東京都予選決勝で敗退（対早大学院）
昭和五十三（一九七八）年　第58回全国大会で優勝（二回目）。初の海外遠征（台湾）

東の久我山、西の大工大高

花園で大工大と戦っていた頃は荒川（博司）先生でしたね。お互いに花園へ連続出場するようになってからのライバルです。よく新聞に、東の久我山、西の大工大高、と対比した記事が出ていました。荒川先生は大工大の生徒を連れて八幡山へも来ていました。色眼鏡をかけているから、なんだこの人はなんて最初は思っていたんですよ。だんだんとお互いに分かってきてからは、そんな気持ちなくなりましたけどね。あの人目が悪かったらしくて、直射日光が目に良くないからサングラスをかけるようにって、医者に言われていたんだそうです。

柔道の黒帯集団

雨の日はグランドが泥だらけになるでしょう。人工芝なんてありませんでしたからね。雨が降ると思うような練習ができないから、学校の柔道場で柔道をやらせるようになったんです。それは、柔道の技がどうだとか、上手い下手とかそんなことは関係なくて、要するに格闘ですよ。柔道の格闘技がラグビーに役立つんじゃないかと考えて。雨の日には柔道をやって、せっかくそれだけ柔道をやっているんなら、初段を取ってみようということになって、杉並区の昇段試験を受けに行かせたんです。そうしたら何人も何人も黒帯になっちゃった。報知新聞だったかサンケイスポーツだったか、「ラグビーの黒帯集団」なんていう記事が出たりしました。それが確か二回目の優勝の年、主将岸直彦、バックスリーダー本城和彦の頃だったと思います。

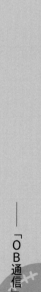

焦り

優勝メンバーがごそっとぬけ、新メンバーになってから、不安で、ものたりなくて、どうしようもないチームであるという感がまだまだぬぐいきれません。しかし目黒以外の相手なら、負けない。今のところ、全国的にみて、目黒が一番力を持っている。この目黒と、すでに16試合をしています。そのうち勝ったのは、タッタの半分（半数ではない、一試合の半分である）。今年は目黒が強い。この目黒に対して、どこまで追いつくか。互角の試合ができるようになれば、今年もかなりのところまで勝ち進むことができると思う。人数が足りない。二年十一名、一年十名しかいない。故障で試合ができない者が常に四～五名である。十五名の試合メンバーがギリギリです。このままでは、前年優勝の久我山、一回戦で敗退……などということになりかねない。全国大会に出るようになって八年目、私は今ほど「アセリ」を感じたことはない。全国的にこれだけになった以上、たかがクラブ活動、と言ってはいられない。何としても強いチーム、勝てるチームにしなければならない。

「OB通信」第十六号（一九七六年三月）

期待の新入生

新入生二十八名という人数は久我山始まって以来、初めてのことです。180cmを超える者が五名、80kgを超える者が四名、走力のある者、機敏な者、いろいろおります。この連中が順調に育ち、三年になった時は、昨年度優勝したチーム以上のすばらしいチームができること間違いなし。

「OB通信」第十七号（一九七六年四月）

敵は目黒のみ

全国優勝をするには（目黒に勝つには）、目黒以外には絶対に勝つ自信がある。しかし、我が久我山の目標は、一番になることだ。全国大会の決勝で、あるいは準決勝で、目黒を倒さなければ、日本一にはなれない。二番でも良しと思うなら、今年は全国大会に「出場した」というだけで終わるであろう。一番でなければならないのだ！　敵は目黒のみ。あと四ヶ月、選手諸君、ガンバロウ。

「OB通信」第二十号（一九七六年九月）

私学の歳月

サムライは己の能力を知る大将のためには、命を投げ出す、といわれます。会社なら社長、学校なら校長が信頼のできない人間であったら、惨めです。私の勤務する「國學院大學久我山高校」に対し、私自身「自信」と「誇り」を持っております。もちろん、自分のやっている「ラグビー」に対しても、です。我が「國學院大學久我山高校」を世間の多くの人に知ってほしいと思います。久我山精神を知っていただくには『私学の歳月』（校長佐々木周二著、旧版・角川書店、新版・おうふう）を読んでいただくのが最良と思います。

「OB通信」第二十号（一九七六年九月）

誇りと自覚を持って

佐賀国体少年Aブロックでは予定通り全東京の優勝で終わりました。今年の全東京は、春の都大会優勝の目黒梅木監督が監督となり、メンバーの構成から練習等スケジュール一切梅木式で、やはり私とは大変やり方が違うということを感じました。今年の国体で、例年と一番違った点は「民泊」です。二〜三名ずつそれぞれの家庭に引き取られ、大変なもてなしを受け、選手達は皆2kgほど太ってしまったというほどです。

試合はAブロックでは東京と決勝を戦った宮崎、これは高鍋主体ということですが、なかなかしつこく食い下がってくるチームです。準決勝の大分は舞鶴ですが、これもタックルが良く、スクラムも強く、東京は大変あぶない試合をやりました。Bブロックは優勝が大阪、これは大工大の単独でしたが、昨年のメンバーがほとんど残りFW、BKともに均整のとれたすばらしいチームです。これと決勝をやった岩手は盛工ですが、相変わらず強力なFWを持っています。こうして考えると、今年度の見通しは今のところでは、目黒と大工大がトップレベルである。これに次ぐのが久我山、盛工、そして高鍋、舞鶴等の九州勢もかなりの力を持っている。このあたりで今年の高校日本一が争われると思います。

今年度一月、新チーム結成以来、二月、三月と、いくらやっても勝てず、(目黒に)毎週末にイヤと言うほどやっつけられ、三月には東北や関西から遠征に来たチームにも全部負け、東京都春季大会決勝も15―18で目黒に負け、六月七月と負けて負けて負け続けました。八月菅平の合宿で、天理、報徳、新潟工、東洋大、日体大（大学生は二軍～五軍）などに勝ち、やっとなんとかカッコウがついて来たなという感じで、九月またまた目黒に負けて、負けて、十月に入り一日、三日と相変わらず負け、もうこのままでは今年はダメか？　と思い切って一年生を四名も使って十日やっと1点差。十一日やっとの思いで、十ヶ月目にしてやっとの思いで完勝の試合をした。この日は、八幡山の夕暮れのなか皆で思わず部歌を歌って一日を終えた。

よし、このまま波に乗って……と思うとき、悲しいかな中間試験一週間前となり、練習中止の時期となってしまった。（目黒は二期制なのでこの時期に試験はない）（また、試験中は、授業がないということでかえって多く練習をやっている）この時期に、せっかく追い着いたのに、また差が出る。試験の二週間は、どうにも痛い。十月三十日夜遅く佐賀国体から帰り、三十一日さっそく目黒と試合、またしてもコテ負けである。

どうしたらいいのだろう？　どうしたら勝てるんだろう？　今年はダメか？　ＯＢ諸君、俺をたすけてくれ！　投げ出せるものなら、投げ出してしまったら、どんなに楽だろう。しかし、やるしかない。自分が久我山にいる以上、久我山でラグビーを志す生徒がいる以上、やらなければならないのだ！

十一月、東京都予選が始まる、久我山は今年は予選がない。この十一月いっぱいみっちりと鍛えに鍛え、目黒に追いつき、追い越さねばならない。十二月はまた試験である。この一ヶ月しかないのだ。生徒諸君、弱気な者は去れ！　苦しみに耐えられない部員は去れ！　選手は変わろうともこの久我山は、昨年度優勝チームである。誇りと自覚を持って、この名誉を、ふたたび勝ち取るべく、ただただ努力あるのみ……。

「OB通信」第二十一号（一九七六年十一月）

反省

戦前、第二十一号でお伝えしましたように、優勝するには今一歩、今年はベスト4の実力、と考えた通りに、第三位に終わりました。しかし、あの花園に勝ち、決勝進出が果たせなかったのが残念です。目黒は強かった。しかし、もしあの目黒に勝つチームがあったとすれば、それは久我山以外になかったろうと思われます。また、花園に対し、全国大会出場八回のうち四回対戦して四敗である。あの試合で三回のチャンスがあり、それを活かせなかった。力不足としか言いようがありません。来年は目黒を倒し、花園を倒し、大工大を倒し、舞鶴を倒す、この四つに絶対に負けないところまで鍛えあげなければなりません。そして再びあの優勝旗を、この久我山へ……。乞うご期待。

「OB通信」第二十三号（一九七七年一月）

目黒の脱走問題その後

新聞、週刊誌などでいろいろととりざたされましたが、今はもう、全員帰って、毎日の練習に参加しています。春の大会で一回戦で負けましたが、あの時は、三年全員と、二年のほとんどが脱走中で、一年生主体で試合だったので、負けるのは当然です。しかし、これが今年の目黒の実力と思ったらトンデモナイ。実力はやはり久我山と並んで（久我山の次に）東京のトップです。正月の大会までにはもっともっとレベルアップすることでしょう。ちょっと気がかりなのは、アノ強気の梅木大監督が、八幡山で、私の方がデカイ声で気合いをかけるぐらい弱気になっていることです。「強気の梅木」が弱気になったのでは私としても張り合いがありません。ガーガーとドナリ、メチャクチャに暴れる「鬼の梅木」に早くもどってほしいものです。

「OB通信」第二十七号（一九七七年七月）

この屈辱を永久に忘れないために

○第57回全国大会へ、九年連続九回目
二回戦62─0（錦城）、三回戦66─3（石神井）、四回戦92─3（両国）、準決勝54─6（松原）、決勝戦　─　（早学）と、予定通り今年も出場が決定いたしました。

この屈辱を永久に忘れないため、消さずに続けます。

たくさんの在校生、ＯＢ、父母、先生方の応援をいただき、ありがとうございました。負けたにもかかわらず、ＯＢ会費、寄付等、届けて下さった人々に心から感謝いたします。あってはならないこと、あるはずがないことが現実におこってしまいました。大西鉄之祐大監督に負けた感じです。早学とは春の大会の準決勝で当たり、前半12─18で負け、後半28─6、計40─24で勝っています。あれ以来、早学はよく久我山を研究したと思われます。ディフェンスラインを広く取り、外には絶対に振り切れない。また、アタックは、特にラインアウトのピールオフから、ＳＯ、ＣＴＢあたりまでも巻き込んで、そしてオープンへ。そして、あのしつこいタックル。久我山がやらなければならないことを全部やられた。あれだけの作戦と、指示を与えたのは、おそらく大西大先生以外にないだろう。また、それを忠実にやってのけた早学の選手は、立派と言う以外にありません。

それに比べ、我が方のアタックの下手さ、ただ回してはツブされ、回してはツブされ、能ナシと言われてもしかたありません。ハーフタイムに、回しても取れないから、パントで裏に出るよう指示しました。それさえも、一回しかできなかった。縦に出て、ポイントを作ることもできなかった。スクラムが、あれだけ勝っていたのに、サイド攻撃をすることもなかった。結局、回してはツブされ、回してはツブされで時間がすぎてしまった。スクラムトライの練習もしました。押し切れなかったり、ボールがこぼれた時の処置も練習しました。結局、何もしないまま終わってしまいました。

私の指示はどうだったか。点差が開かない時のペナルティは、必ず狙えと言った。最初のゴール前のスクラム、相手のフォーリング・ダウンで得たペナルティ、後藤が狙って、失敗。間違ってはいない。あれで良かったのだが、今になって考えれば、スクラムがあれだけ押せる、しかもゴール前5メートル、もう一度スクラムを要求しても良かったのではないか。しかし、ペナルティは狙えと私が言った。キャプテンは忠実にその指示を守った。間違ってはいない。力はたしかに久我山が上である。しかし、本番の試合に臨む、決意、覚悟、集中力、等々において、私自身が負けていた、と言わざるを得ません。ナメていたということになります。しかし、あの早学が、99％勝てないであろう久我山に対して、あとの1％に望みを持ち、全知全能をふりしぼって、ついに1％の可能性を実現した。立派と言う以外にありません。願わくは、本大会において、優勝されんことを。

私はこの一年間、どうやってすごしたら良いのだろう。穴の中で誰とも会わず、早く来年の十二月四日が来てくれないか。ラグビーをやめてしまうか。しかし、私にはラグビーしかない。続けるならば、明日からでも、耐えがたきを耐え、勇を奮って、絶対に負けないチームをつくる以外にありません。ご期待いただいた皆さんに本当に申し訳ありません。


「OB通信」第二十九号（一九七七年十二月）

台湾遠征

三月二十三日羽田発、三十一日帰国、八泊九日、台北で二試合、台南で二試合行ない、二勝一敗一分の成績でした。全勝する意気込みで出発しましたが、特に台湾で一番強い西湖と六信をともに破ることができずに残念です。

三月二十五日、西湖工商6―6引き分け。三月二十六日、淡江高級中学に12―6勝ち。

三月二十八日、長栄高級中学に16―6勝ち。三月二十九日、六信高商に10―14負け。

暑いと思って行った台湾でしたが、台北では雨つづきで肌寒く、そして台南では、急に夏が来たように暑く、スイカ、バナナの食べすぎと中華料理攻めで、半数がひどい下痢になり、二十九日の試合は、フラフラの状態でした。みっともない負け方をしなかったのが、せめてもの救いでした。このような遠征試合では、体調を整えるということが、いかに大切で、むずかしいかということを思い知らされました。

試合内容は、台湾のラグビーは、バック重点主義か、特にスクラムは弱い。変わってバックスは、キックが上手で、パスのつなぎも上手である。またタックルの当たり、ラックへの当たりの強さは相当なものである。また、ほとんどのチームがFW七名で、2FBである。特にキックは正確であり長く飛ぶ、等の点が特長と思われます。

試合後の各対戦校で開いてくれた夕食会は、中華料理と大人はビール、子供はジュースのカンペー攻めで散々にやっつけられました。台湾の人達は、接待するとなると、徹底していて、午前中の名所の案内から、夕食会が終わる迄、全く自由時間なしで、つきっきりでやってくれます。後の方では、もういいかげんに解放してくれと言いたいほどでした。

いずれにしろ、台湾ラグビー協会の関係者、それに対戦校の校長先生以下先生方、皆さんの大変な親切に御礼の申し上げようもありません。若い生徒達には、またとない良い経験となりましたし、引率の我々共々、楽しい旅ができましたことを台湾の方々へのお礼を込めて、ご報告いたします。

「OB通信」第三十一号（一九七八年四月）

明治の胸を借りて

土・日・祝、公式戦のない時は、相変わらず八幡山に通っています。例年ですと、春の間は明治の三本目あたりにコテンコテンにやっつけられますが、今年は違う。今年は四月終わりに一回負けただけで、他全部勝っています。これは大変なことです。大学の春のオープン戦の二軍戦で、明治は全勝です。あの二軍戦のメンバーは、全員が久我山戦にも出場しています。もちろんベストの二軍ではなく、二、三軍が混ざってやるわけですが。また時には、一軍の連中も、何人か出てきたりします。この調子で伸びてくれれば、秋には、ベストの二軍とマトモに試合ができるように……。そのくらい伸びてほしいと思っています。明治の二軍にマトモに戦えたら、他の大学の二軍には負けないはずです。夏の合宿で菅平に行き、その辺を試したいと思います。そして、それが全国大会に強い自信となって現われる。これが私の狙いです。

「OB通信」第三十二号（一九七八年七月）

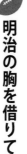

大工大高にも勝つ

大阪ラグビー開幕戦として、久我山、日大、新日鉄八幡が招待を受け、大阪長居競技場で対戦しました。昨年全国優勝の大工大は、今年も強く、春の近畿大会に優勝し、「東の久我山か西の大工大高か、東西No.1同志の対決」(九月十一日報知大阪版)といわれ、当方も久方ぶりで気合いの入った試合ができました。試合は、セットスクラムでグイグイ押し込んで前半は3トライをあげ18点、後半は大工大もバックスのスピードある攻撃で2トライ(8点)を取られましたが、当方も3トライをあげ14点、結局32対8で完勝です。スクラムが押せたこと、タックルも良くきまったこと、タックル後のボールの処理がよかったこと、等が良い点で。前半の前半にパスミスがあったこと(トライチャンスをつぶした)、前半のラックの突っ込みが負けていたこと、試合前に、前半3トライ・後半4トライ取れ、といったのが後半3トライしか取れなかったこと、敵に2トライも取られたこと、等が反省点です。

全国大会まであと三ヶ月。現在全国を見渡して、九州の舞鶴、大阪の大工大、秋田の秋工、京都の花園・伏見工、そして東京の目黒、我が久我山が負ける相手はいない。今年こそ、三年ぶりで……とひそかに考えています。昨年十二月四日の予選決勝を忘れずに、今年は一戦一戦に気合を入れて当たりたいと思います。なお今年から全国大会は一回戦が十二月三十日、そして一日、三日、五日、決勝が七日となります。

「OB通信」第三十三号（一九七八年九月）

一軍全員が柔道黒帯

今年は二月頃から、雨の日の練習として、柔道部の胸を借り、はげしく練習をやりました。柔道部員に投げられ、絞められ、押さえつけられて、皆フーフー言いながら。また柔道部の補強運動もかなりはげしく、パワーアップには良い方法です。その結果六月の昇段試験で九名、九月の昇段試験で十名、（一名は以前から初段）計二十名が初段となり、本年度ラグビー部の一軍選手は、全員が柔道初段です。これもまた、久我山ラグビー始まって以来の出来事です。柔道部顧問の先生の方針で三年生のみ受験を認められましたので、二年生はまた来年です。雨の日の練習は、今後もいろいろ考えたいと思います。

「OB通信」第三十三号（一九七八年九月）

二回目の日本一（黒沢尻工業に40―6で勝利）

大会史上最強と言われるほどのチームをもって、二回目の優勝を勝ち取ることができました。私の目から見ると、まだまだ甘い点が多々あり、不安を感ずる点もありましたが、まあ一番になったことだし、各選手はこれから先、大学に進んで伸びてくれることでしょう。

今年一年間を振り返って、本当にうまくほぼ予定通りにいきました。昨年、十二月四日の早学戦の敗戦から、三月に台湾遠征により早い時期に立ち直り、東京都春季大会に優勝、菅平の夏合宿もほぼ予定通り、九月に前年優勝の大工大高に勝ち、そして十月の国体では予定した優勝はできませんでしたが、見通しは立てることができ、そしていよいよ全国大会の予選も予定通り……と、最終目標に向かってすべてが「予定通り」という感じです。

特に今年良かったのは補欠の選手です。補欠といっても、全く変わらない実力を持っていて、二、三人けが等で交代しても、チームとしての力が全然落ちない。だから、安心して激しい練習もできたし、それがまたチーム力の向上につながる、といった良い方向に向かったということです。今年度のチームは、メンバーがあまりにも揃っていたために、同じ三年生で、たまたま七名が余ってしまったというにすぎません。実力的には決勝に出場した十五名と全く変わらず、できることなら前後半で交代させてやりたかったくらいです。このあたりが今年度、強かった最大の原因と思われます。今後、それぞれの大学で、今度は秩父宮で、デビューしてくるのを楽しみに待ちましょう。

「OB通信」第三十五号（一九七九年一月）

三回目の全国優勝

昭和五十四（一九七九）年　第59回全国大会に出場、準優勝
昭和五十五（一九八〇）年　第60回全国大会東京都予選準決勝で敗退（対青山学院）
昭和五十六（一九八一）年　第61回全国大会に出場、二回戦敗退
昭和五十七（一九八二）年　第62回全国大会で優勝（三回目）

アーカイブ ——「OB通信」

八幡山通い

今日は五月二日。この連休は、八幡山でバリバリ練習をやっています。一昨日は、オール宮崎の国体メンバーがやって来ました。昨日は、午前中は目黒とやり、目黒はいくらやっても勝てないので昼で帰ってしまいました。午後は明治とやり、前半4本1本で勝ちましたが、後半は0本6本で負けました。しかし何とか今年もやれそうです。この調子で伸びていけば今年もかなりいい線にいきそうです。昨年ほど大きくありませんが、チームワークが良く、思い切ったプレーをやります。その点が今年のチームの良い点です。また明日から、この連休は、毎日八幡山通いをして、強いチームにしたいと思っています。

「OB通信」第三十六号（一九七九年五月）

死にもの狂いで

今日は五月七日。四月三十一日、五月一日と目黒に一方的に勝ったと思ったら、五月五日は逆に一方的に負けです。三試合もやり、全然勝てない。いやになって、逃げだしたくなります。五月六日は公式戦（都春季大会・関東大会予選）がありましたが、目黒に負けたままで終われないので午前中にやり、一方的に勝ちました。8本―2本です。しかし、最後の、これで終わり、という一本勝負を取られてしまい、全く残念です。しかし、こうして、目黒相手に、死にもの狂いで、キチガイのようにやっているので、実力がついていくのです。選手の苦労は大変です。しかし、私も大変です。家庭も何もオッポラカシで、ラグビー、ラグビーの連休です。しかし、事を成し遂げるにはキチガイにならなければできない。やっている者にしか理解してもらえないかも知れませんが、やりかけた事をやめる訳にもいきません。今後も、もっともっとキチガイになってやろうと思います。

「OB通信」第三十六号（一九七九年五月）

狂気になれ

九月十六日（日）熊谷工、全神奈川、目黒と八幡山も朝から大変な賑わいでした。目黒とは夕方になってから、最後に半分だけやり、1本―4本で負けです。九月八日にも大変意気込んで、今日こそは勝とう、と約束してやりましたが、25分で0本―2本で負けです。今年は目黒に勝てないのか？　この目黒に勝てなければ全国優勝はできないのだ！　熊谷工や神奈川は問題ではない。花園、伏見にも勝てる。大工大もよし、舞鶴にも勝てるだろう。残るは三つだ。黒工、秋工、目黒の三つだ。この内、一番身近にいる目黒を破らなければ、先へ進めない、目黒に勝たなければ優勝はできないのだ。あと三ヶ月半、やるしかない、勝つまでやるしかない。狂気になれ、狂気になって何回でも勝つまでやるしかない。三年生諸君、高校生活最後の三ヶ月だ……やれ……。

「OB通信」第三十八号（一九七九年九月）

久方ぶりで目黒に勝つ

十月十一日、国体出発の前日。六月、都の決勝戦で目黒に負けて以来、いくらやっても負けてばかりいましたが、久しぶりで目黒に勝ったと喜んでいたら、国体から帰って、中間試験の後、十月二十七日またしても1本―4本で負け、次の二十八日、午前中6本―1本で勝ったと思ったら、その午後、2本―5本で負け、やっぱりまだあと一歩か！ しかし、たしかに、追いついてきていることはたしかだ。ベストメンバーがそろった時には、勝てるようだ。何名か欠けると負けるようだ。この辺が今年の久我山の弱さだ。昨年は、メンバーが何名入れ替わろうと、チームとしての力は全然落ちなかった。今年はガタンと落ちてしまう。正月の激しい試合が続く大会に、勝ち抜くには、この点が心配だ。しかし、久我山も強くなって来ていることはたしかだ。このまま伸びて行けば、そして目黒に勝、勝、勝が続くならば、今年もねらえるのではないか。

「OB通信」第三十九号（一九七九年十一月）

目黒に完勝す。

十一月三日、朝から4ラウンドやり、（3本―2本）（3本―2本）（4本―0本）（2本―2本）と、しばらくぶりで一日中勝って終わりました。最後が2―2と、チョット気に入らないが、マアこの日は完勝です。やっと、目黒に追いついて来た。メンバーも、FW

に一年が入ってのうえです。一年も、山崎善、笹井、平原、宇田川あたりがFWに入っても、全体としては変わらないようになって来ました。一年同志の試合では、入学以来、引き分けはありますが負け知らずです。これは二回の優勝年度の学年と同じです。やはり今年の一年は期待できます。今年のチームもいよいよ期待できるチームに育って来たようです。今月中、鍛えに鍛えて、目黒、明治の残軍に勝ちが続くようになれば、今年もねらえます。

「OB通信」第三十九号（一九七九年十一月）

ほめられる負け試合

色々と思えばきりがありません。今年のメンバーの力から考えて、あそこまでやれば上出来と言って良いでしょう。シード校のなかで最も小さく、一、二回戦をやっと勝ち抜き、シード校同志がぶつかる三回戦以降、どこで負けてもやむをえないところ、伏見工には完勝し、大工大には押されに押されっぱなしの試合を、堪えに堪え、こらえにこらえて、やっと得た抽選勝ち。そして決勝戦、目黒を破るのは久我山しかないと考えていた。前半は、ほぼ思い通りの試合展開となり、ハーフタイムに私は言った。後半にどっちが先に一本取れるか、これが勝負の分かれ目だ！　と。そして後半、押し込んで、攻めに攻めたが取れなかった。チャンスが二度あった。二度ともトライに結びつけられなかった。これが最大の敗因である。前半、最初のトライのゴールキックも痛かった。入って当然の位置である。残り時間数十秒、ああ、もう思い出したくない。来年の大会直前に、またあのビデオを何回か見せて、出発します。大勢のＯＢ諸氏、父母、一般卒業生、全校生徒、職員、関係各方面の方々の絶大なるご支援を心から感謝します。負けたけれど、世間の皆さんからほめられる試合ができたことを誇りに思っています。

「ＯＢ通信」第四十一号（一九八〇年二月）

パブリックスクール来日

昨年高校日本代表で渡英した時、このロッサールスクールの寮に三泊し、先生方に大変お世話になりました。この学校はリバプールの北、夏の海水浴場のブラックプールから車で十五分ほどの静かな海岸に面したフリートウッドという小さな町外れにある伝統あるパブリックスクールです。建物など二〇〇年以上経った物がそのまま残っており、寮、食堂、先生方のミーティングルーム等、すばらしい施設を持っています。特にグランドと、パビリオン（更衣室、シャワー、それにパーティができる会場を備えた、秩父宮ラグビー場のクラブハウスのようなもの）がすばらしいのです。グランドなど、ラグビー場が十二面とれる。十二面ですよ。それが全部、見事な芝生です。ちょっと書ききれないので、とにかく、そのラグビーチームが来日したのです。

四月八日、朝日生命グランドで試合をし、全東京（久我山から一名）が14―16で負けました。試合前、先生方を、日本を代表するパブリックスクール？である我が久我山高校へ案内したのです。久我山は、ちょうど入学式当日で大変忙しく、充分なおもてなしもできませんでしたが、日本茶とヨウカンでもてなし、近代的設備を誇る理科会館、文化会館を見てもらいました。私の英語では心もとないので、鈴木光・上村両先生に手伝ってもらいました。時間がなかったので充分とは言えませんでしたが、近代的なビルディングと、その設備に、一応は感心したような様子で帰りました。

書いていると、色々思い出します。英国の風土、英国の家庭と家族、英国のパブリックスクール、英国のスポーツクラブ、英国の先生方の生活、英国のパブ（特に小さな村のパブ）、ロンドンと田舎、英国の学校の生徒の生活、等々、思い出すと、また行きたくなって来ました。久我山をもっともっと強くして、こんどは、久我山のチームで将来ぜひ英国（ウェールズ）に遠征したい。諸君、今後もガンバロウではないか。

新入部員六〇名を超える

今日（四月十五日）現在で六十五名です。全部員ではありませんよ。新入部員だけの数ですよ。数の上では久我山ラグビー始まって以来最高です。１８０㎝を超える者が四～五名、90kg級が四～五名と、なかなか優秀です。現二年生が優秀で、新一年が優秀で、来年、再来年は間違いなく強いチームができます。今年一年間が問題です。三年生が八名しかいない。

「OB通信」第四十二号（一九八〇年四月）

ケガも実力のうち

今年の三年生は八名しかおりませんが、皆ケガで、ロクに練習もやれず、毎日練習に参加しているのは常に二、三名です。他は皆見学でヤクに立ちません。我々が学生時代に、ケガも実力のウチだとよく言われましたが、今になって実感として良く分かります。

今のところ、三年生が少なくダメな分だけ、他チームより遅れをとっています。三年が立ち直るか、二年がもっともっと伸びるかしないと、このままでは、今年はダメかと思えて来ます。毎日、何とかしなければと思いながら、グランドに行きますが、毎日、苛々と、腹立たしさと、情けない気分を味わっています。目黒と比べ、どうして久我山の選手ばかりケガが多いのか。同じ様にケガしても、どうして久我山のヤツはいつまでもなおらないのか、目黒のヤツはどうして、すぐになおってしまうのか。やはりケガも実力の内、弱いヤツほどケガをする。弱いヤツほどなおらない。そう考えざるを得ない。何とかしなければ……と思いながらもう夏休みです。この休み中に強くなるキザシが見えてこなければ、本当に今年はダメかも知れない。東京の予選を勝ち抜くことすら見通しが立たない。強くなるクスリはないものか。どうやったら強くなるのか。誰か教えてほしい。

「OB通信」第四十四号（一九八〇年七月）

大工大高に大敗

九月十五日に大阪に遠征、長居競技場で対戦、6—40で大敗しました。前半は、2トライ（内一つはスクラムから認定トライ）で、まあまあの出来でしたが、後半に入ると実力の差がハッキリと出てしまい、どうにもやりきれない気持ちです。マイボールのスクラムを四つも取られたことに代表されるように、すべての基点になるスクラムが、どうしてこんなに弱いのか。一人一人の体格を比べても、決して小さい選手ばかりではない。ロックも決して小さくない。それなのに、何故スクラムが、あんなに負けるのか。このフロントローのダメさが、そのまま試合内容に出てしまう。BKもトライを取れる型がない。WTBの鈴木嘉一がほんの少し前へ出るくらいで、他はただボールを回すのみ、回した分だけ後へ下がっている状態である。

プレースキックを含んでキック力も、逃げる様なキックばかりで、全然的確さがない。フランカー、ロックも走りが足りない、激しいタックルがない。ハーフ団の判断力の悪さは決定打だ。どうしてこんなにニブイ者ばかりなんだろう。タックルなどは技術より気力の問題だ！　十一月二十四日、東京代表決定戦、対保善はスクラムだ、スクラムに負ければ、試合そのものに負けてしまう。体が大きくても、走力があっても、結局は、それを支配する気力の問題だ。低い、激しいタックルが、あれだけ言っても、あれだけ練習しても、試合になるとやらない。できないのではなくて、やらないのだ！　どうしたらいいんだろう。

日比野サンの入門書『ラグビー』に「バカヤロー」「タックルせんか」「やる気があるの

か」など、指導者の口にする言葉ではない、と書いてある。耳が痛い。しかし言いたくなる。やる気があるのなら、なぜタックルをしないのか。外されても、突き飛ばされても、激しく向かって行く気迫がなければ、勝利などあり得ない。夜、目が覚めると、何故押されるのか、メンバーをどう組もうかと思って、ねむれない。学校でも、どうしたら勝てるのか、何故弱いのか、何をどうやらせたら良いのか、私ではもうダメなのか、等々思い悩んでしまう。

「OB通信」第四十五号（一九八〇年九月）

早く正月が過ぎろ！

準決勝、対青学戦で思わぬ敗戦をナメさせられました。私は前夜、どういう訳か夜中に目が覚めて眠れず、試合に負けた夢ばかり見て、不安な一夜であったが、それが正夢となってしまった訳である。ベストメンバーでやれなかったこの一戦に無念さが残る。思えば、今年一年間、本当に、苦しいダメな一年間であった。「ケガも実力のうち」と我々が学生の時よく言われたことである。弱い時ほど多くの故障者が出る。早く年が明けろ！　早く正月が過ぎろ！　正月の全国高校大会のニュースを見聞きするのがつらい。イヤダ。早く二月が来い。二月が来て新人戦が始まれば、また一年先の目標に向かって、気分も変わってスタートできるだろう。

「OB通信」第四十六号（一九八〇年十一月）

心を鍛える

今、新人戦が始まろうとしています。まずこれにブロック優勝し、そして三月の休み中、鍛えに鍛えて、四月から六月にかけて行われる東京都春季大会に優勝し、七月の高校日本代表第一次合宿には沢山の選手を送り、八月の菅平でまたキタエにキタエて、九月十五日、大阪ラグビー開幕戦で大工大を倒し、そして十一月、全国大会都予選に優勝し、十二月末大阪花園ラグビー場へ。その間に今年は、明大の三軍四軍には常に勝ち、純粋な二軍と対等にやれる所まで持っていきたい。明治の二軍と対等ということは、関東大学の対抗戦、リーグ戦の大半のチームのベストメンバーと試合がやれる実力でなくてはならない。そこまでいけば全国高校大会で、伏見と言えど、大工大と言えど、秋工、目黒と言えど、負ける訳がない。今年はそこまでいきたい。現部員を見ると、そこまでやれるだけの素質がある。

スポーツは心・技・体である。一番心配なのが、心である。今後一年間、すぐれた体格に体力をつけ、技を磨き、そして苦しい練習、厳しい条件の中から心を鍛え、きたえ、きたえて、何が何でも三回目の日本一を獲得すべく、選手諸君の努力を期待する。

「OB通信」第四十七号（一九八一年二月）

自分に鞭打って

五万坪の広大な敷地にラグビーグランドが二面、野球場、陸上競技場など、また、同窓会館という立派な宿泊所を持つ黒工に行き、充分に試合をしてきました。三日に一試合、四日二試合、五日一試合と、計四試合行いましたが、勝つには勝ったが、苦しめられて、やっと勝ったという試合ばかりで、四日の午前中などは、昨晩の雨でグランドがぬかるんでいたため、黒工のFWに攻められてどうにもならず、やっと引き分けましたが、内容は負けている試合です。我が久我山の選手たちも「日本一への道は険しく厳しい」ことを膚身に感じたことと思います。しかし、FWが手先だけでやるプレーがなくなり、頭から突っ込んで、体を張ってやるプレーをするようになったことは、大変な収穫です。あの黒工の猛牛のようなFWに対して、手先だけのプレーが通じないことが良く分かったと思います。

全国を見渡した時、岩手に黒工あり、秋田に秋工あり、京都に花園あり、大阪に大工大あり、九州に大分舞鶴あり、これ等の強剛チームを打ち倒して、全国制覇を成し遂げるには、努力、努力、考えられることすべてを考え、やれることすべてをやって、これ以上のことはできない、と言えるところまでやらなければならない。努力をしても無理なことなら、諦めるしかない。今年のチームはそれだけの素があるはずだ。努力をすれば、必ず届く目標であるはずだ。今は五月、あと半年だ。目標をしっかりと頭におき、現在の自己の実力を認識し、自分に鞭打って、ただ、ただ、ただ、やるのみ。

「OB通信」第四十九号（一九八一年四月）

ナメてはいけない

都春季大会決勝に於いて不覚をとってしまいました。原因を色々と考えてみました。言い訳になってしまいますが、今年度最終目標の全国大会に向けて、二度と失敗はできない、そのためにもあえて、書かせてもらいます。

第一に、雨中戦に対する準備の不足。この試合の前一週間、晴れの日が全くなく、雨中戦のための練習が充分であったかどうか。雨は久我山にだけ降るのではない。しかし、それに対する対策が充分であったと言えるかどうか。

第二に、選手に、甘い気持ちがあったのではないか。普段、八幡山で、本郷に対して、久我山のBチームですら勝っている。このことが、本番の試合になって、相手をナメてしまう甘い気持ちにつながったのではないか。

今後は、雨中での練習も激しくやり、また、どんな相手でも、ここ一番の一発勝負になった時の気力の充実を図り、全国大会に向けて、二度とこの様なことのないよう選手ともどもがんばりたいと思います。

「OB通信」第五十号（一九八一年七月）

チャンスをものにせよ

今年の久我山は三年も強いが二年も良い。特にバックスにおいては、二年生の方が良いぐらいです。FWでは山田徹、浜野彰、芳村正徳、BKでは綿井浩介、当間浩司、鈴木幹久、東末吉史、平地成美、松井慎太郎、相澤輝雄等々、余るほどの優秀な選手がおります。全員が日本代表になれるようにガンバレ。

「OB通信」第五十号（一九八一年七月）

天才の悪筆

授業の合い間に、どうやったら強いチームができるか、そればかり考えながら（考えている合い間に授業をやっているのかも?・）、またその合い間に、原稿もなしに、なぐり書きでこのOB通信を書いております。毎回配布のたびに、赤で、誤字、脱字のチェックをしてくれる先生もおります。一部には、お前のキタネエ字で書くのもいい加減にして、印刷屋に出したらどうだ、などという声もききます。また一部には、人間味が出ていてなかなか面白い、と言ってくれる人もおります。いつも同封して校報をお送りしております。学校としてキチンとやれば立派なものも作れますが、この通信は当分このまま続けます。どうぞ文句を言って下さい。やがてOBのなかから、私に代わってこのOB通信を作ってくれる人が出て来たら、その時に考えます。私は生まれつき字がヘタクソなのです。昔からの「天才の悪筆」という言葉を言い訳にして、当分はこのままで……、まずは言い訳まで。

「OB通信」第五十一号（一九八一年九月）

戦争の危険はないか

我々が訪れた、英国のラグビースクールとか、ストニーハーストカレッジとか、有名な高校は、皆三五〇年~四〇〇年という伝統を持っております。これに比べれば我が日本では、東大を始め早稲田・慶応・同志社等、皆一〇〇年程度です。歴史の違いがあります。しかし現在はどうか。イギリスの収まりのつきそうもない失業問題、若者は皆国外に出て行く、裕福（?）な日本アタリにうじゃうじゃ来ている。それに比べ我が日本の経済の発展はどうだ。しかし、これが世界のアチコチで経済摩擦をおこし、戦争の危険はないか。やがて日本はどうあれば良いのか。若者に何を与えるべきか。今、自分がやっていることがこれで良いのか……。いやいや話が方向を間違えたようです。一つのことに打ち込んで目標に向かって、ガムシャラに突き進んで行く事の大切さを教えているのだ！　と思い直して、しっかりやるよりしようがありません。

人間、生きて行くのに人とのつながりが大切です。久我山ラグビーOB三〇〇名、今後も「久我山」をきずなに、それぞれの立場で、しっかりやりましょう。

「OB通信」第五十一号（一九八一年九月）

三年生の責任

春の大会に優勝できず、夏の合宿で良くなったかと思ったら、九月に入ってまたバックスに得点力がなく、大工大にも引き分けてしまい、このままでは勝ちきれないと見て、思い切って三年生中心のメンバーに入れ替えました。この春から二年が伸びて来て、三年も二年も誰を入れてもほとんど力量に違いがなく、悩んでしまうことが多かったが、今年一年、勝つも、負けるも、すべて三年の責任である。久我山ラグビー生活も残り三ヶ月、すべて三年生に任せて、やらせてみようと思うようになりました。バックス全員を三年生にしました。ＦＷもフランカー浜野彰一名を除いて全員三年にしましたが、どうもスクラムが今一つ押せない。特に右側がダメだ。やはりここに山田徹あたりがケガが治って入ってこないとだめか、あるいは引間弘美あたりの方が良いか、最終的にはどうなるか、すべてあと二ヶ月の勝負です。

「ＯＢ通信」第五十一号（一九八一年九月）

苦しみの向こう側

今、学校は文化祭、体育祭と、お祭りの時期です。文化祭ではミコシをかついだり、ゲストの若い歌手が来たりして、他校の女の子が沢山来たりして、浮わついた気分です。ラグビーの部員とて、同じ若い高校生です。そういうことに興味があるのが当然です。しかし、ラグビー部では、練習練習の毎日です。ゲストの歌手も見ず、ミコシもかつがず、あと二ヶ月先の大会に向かって、何とか勝てるチームにしなければならない。三年生にとっては、久我山生活三年間の総決算です。歌手がなんだ。ミコシどころではない。ラグビーに志を立て、望んで久我山に入り、そして最後の二ヶ月間になってしまった。東京で代表になれるか。本大会で大工大に勝てるか。秋工、黒工に勝てるか。最後の大会で、泣くも笑うも、すべてこの二ヶ月の勝負だ。苦しんで、苦しんで、本当の喜びは苦しみの向こう側に待っているはずだ。選手諸君、ガンバレ。

「OB通信」第五十一号（一九八一年九月）

危機感

2回戦、神奈川代表相模台工業、トライは許さなかったものの、3ペナルティゴールの9点で負けてしまいました。トライを取られずにPGのみで勝ったことはありますが、負けたことは、久我山初の不名誉な記録です。この一年間を振り返ってみると、伸び率が非常に悪かった。色々と考えてみると、一つは部員が多すぎること（九十四名）。これによって、練習の全体の時間は同じでも、個々のやる回数が少なくなっているのではないか。また、実力が同等の者が沢山いるので、あれを使おう、これを使おうと私自身が迷いに迷って、結局、最後までベストメンバーが固定できなかったことも考えられます。

また一つには、土・日・祝日に八幡山で試合中心の練習を行う。この八幡山にチームが集まりすぎること。二～三年前までは久我山と目黒だけで、何回も何回もむきになって試合をした。最近は、明大中野にチームができ、これが八幡山で練習をする。これは付属校であるから当然として、他に本郷、相模台等が毎週のように出かけてくる。久我山だけで五チームできる。それがAチームと、Bチームが時々と、Cチーム以下はほとんど試合をやらずに一日終わるという状態。これは、このまま放置できる問題ではない。

その他にも、練習の内容とか意識の問題とか、色々考えられます。今年五十七年度は、すでに一月五日より新メンバーによってスタートしております。五十七年度こそ、何とかしたい。何とか強いチームを作らなければならない。今年こそ、新人戦から、春の大会から、一つ一つ取りこぼしのないよう、ただ勝つだけでなく、完勝しなければならない。今年やらなければ、久我山はダメになるかもしれない。今年こそ、すべてに厳しく、厳しくやらなければならない。

「OB通信」第五十三号（一九八二年二月）

リーダーたる者

キャプテン東末吉史、副主将芳村正徳、リーダー（FW）浜野彰、リーダー（BK）鈴木幹久。今年はこの四名でやってもらいます。この一年間、最終目標が達成できるかどうか、一にこの四名のリーダーの肩にかかっております。リーダーたる者、まず久我山の生徒として、勉強もしっかりやること。服装から、頭髪から、日常生活のすべてに、他の模範とならなければいけない。そして、一旦ユニフォームを着て、グランドに出たなら、自ら先頭に立って率先垂範しなければならない。「昭和五十七年度は、誰と誰がリーダーでこれだけの成績を残し、実にすばらしいチームであった」と、久我山ラグビーの歴史に記すことができるよう、しっかりとやってほしい。

「OB通信」第五十三号（一九八二年二月）

春休み

三月十七日に期末テストが終わります。いよいよ春休みです。この期間の練習こそ大切です。四月十八日から春季大会が始まります。この春季大会は、色々な意味を含んだ重要な大会です。第一に夏のカナダ遠征メンバーの決定、第二に国体都代表メンバーの決定、そして、それ等が全国大会のシード校の決定につながります。来春のオーストラリア遠征のメンバーにもつながります。もっと重要な、大学入試の推薦にもつながって来ます。この春休みの練習が、成果が、それ等すべてにつながって来ます。生徒諸君、ラグビーと勉強、勉強とラグビー、久我山生活三年間、勉強とラグビー以外、考える必要なし。

「OB通信」第五十四号（一九八二年三月）

教えることのむずかしさ

毎年いまの時期には、各大学から教育実習生が多数来ますが、ラグビーOBは昨年の菊池、後藤に次いで、今年は、日体大から竹内伸光、早稲田から本城和彦の二名です。二人とも実技では、何とかやっていますが、保健の勉強に四苦八苦しているようです。「教わるより教える方が大変むずかしい」というのが二人の感想です。六月七日から二十六日まで三週間、ガンバってもらいましょう。

「OB通信」第五十六号（一九八二年六月）

島根国体で舌鼓

今年の国体は、大変楽しい思いをさせてもらいました。それは、宿舎が日御碕《ひのみさき》という所で出雲大社に近く、すぐ裏が日本海、海の幸の豊富な所で、試合場までは大変に交通の便が悪く、市役所さし回しのバスで、試合が終わるとすぐに帰されてしまい、他の試合をゆっくり見学することができなかった半面、毎日午後からは、裏の海に釣りに出かけ、アジ、タイ、ヒラメ、フグなどを釣り、それを刺身で食べ、楽しい思いをさせてもらいました。

こんな国体なら、毎年行きたいと思いますが、来年は茨城なので魚釣りはできない。毎日イモ堀りでもやろうかと思っています。いずれにしろ、来年のチームが強くなり、まずは東京で優勝することが先決です。今の二年生にガンバってもらいましょう。

「OB通信」第五十八号（一九八二年十二月）

早実に快勝

OBを始め、関係諸氏の期待に応え、東京都代表決定戦を55―3という大差で勝ち抜くことができました。早実と対戦することが決まり、早実の後ろには早大の関係者がバックアップしていることを思い、五年前、大西大先生率いる早学に押しに押しまくりながら負けたいや～な試合を思い出しました。今回の早実も五年前の早学と全く同じ戦法で、スクラムからのクイックヒールアウト、早く低いタックル、そしてアップ・アンド・アンダーと、予想した通りの試合をやって来ました。計30点差ぐらいの予想が55点も取れ、まずまずのできであったと思います。今年こそは……と思っております。毎年、今年こそは……と思いますが、本当に今年こそは……です。

「OB通信」第五十八号（一九八二年十二月）

誰も居ない校舎（念願の全国制覇。目黒に31―0で勝利）

今年度は春から、今年こそチャンスであると考え、生徒にもそのことを常々言って来ましたが、そのチャンスをものにできたことに大変喜びを感じます。結果を見れば、大勝、楽勝などと言われますが、内情はけっして楽ではなく、色々な面で大変苦しい大会でした。試合そのものもそうでしたが、私が一番苦しみ悩んだのは、遠征選手団メンバーの決定です。三年間共に苦しみ、楽しみ、それこそ苦楽をともにして来た三年生を、全員奈良へ連れて行くことができない。選手としてハッキリと差があれば仕方ないが、東末の代わりに市村が出場してもチーム力が全く落ちなかったように、今年の三年生は誰が出場しても力は変わらない。それを奈良へ連れて行く選手団からも外さなければならない。

十二月十五日、誰も居ない校舎の誰も居ない教室に三年生全員を集め、決められないメンバーを決め、発表しました。外された者が、なぜかと言ったら私は説明のしようがなかった。それを、後に残った者達が、「一、二年を指揮して、しっかり練習をやっておくから、必ず優勝して帰って来い。」と言ってくれた。皆で泣きました。私は、彼等がどうするか大変気にかかった。年が明け、大会もベスト8、ベスト4と勝ち進むうち、彼等は自費で応援に来た。私が大変嬉しかったのは、彼等の父母達が、自分の息子が出ていなくとも、選手団にさえ加えてもらえなくとも、交通費、宿泊費、大変な出費をして、応援に来てくれた。私は彼等に何がしてやれたのか、今後何をしてやれるのか。
久我山ラグビーは、昭和五十七年度、東末吉史キャプテン以下二十九名の三年生、九十一名の部員全員で勝ち取った優勝である、このことは久我山ラグビーの歴史にハッキリと記録されなければならない。彼等は、それぞれ大学に進み、全員が今後もラグビーを続けると言う。今後の彼等の活躍に心から声援を送りたい。

「OB通信」第五十九号（一九八三年二月）

四回目の全国優勝

昭和五十八（一九八三）年　第63回全国大会でベスト8
昭和五十九（一九八四）年　第64回全国大会で2回戦敗退。創立四〇周年記念NZ遠征
昭和六十（一九八五）年　第65回全国大会東京都予選決勝で敗退（対大東一）
昭和六十一（一九八六）年　第66回全国大会で優勝（四回目）

アーカイブ　――「OB通信」、『燃え続けて。』、校報

新入部員一〇〇名

全部員ではありません、一年生のみでです。全部員で一六〇名、これではどうにも動きがとれません。昔、部員が足りなくて、柔道部等から借りて試合に出場していたことなど考えると、夢のようですが、しかしどうにも多すぎます。新しくできた広い部室にも入りきれない、提出物を集めるにもなかなか集まらない、名前を覚えるのが大変、出席を取るのも時間がかかる、練習そのものに支障が出る。何をやっても多すぎます。クラスにして三クラス強の部員を私と浜野コーチと二人では手の届かないところが多くなってきています。しかし中には、かなり良い素質を持った者も多いようです。この者達をどう育てるか、というよりどうより分けるかが大変なことです。

「OB通信」第六十号（一九八三年三月）

大部隊の夏合宿

八月十一日（木）現地集合し、十九日（金）まで生徒一四二名、教員二名、ＯＢ六名、計一五〇名の大部隊により、第一次合宿を行った。うち八十二名が一年生ということもあって、命令が徹底しないことが多く苦労した。宿舎である文部省体育研究場で、部屋をよごすな、シャワー室でドロの物を脱げ、廊下をよごすな、スリッパをはけ、風呂場を片づけろ、部屋の中を整頓しろ、フトンをたため、ドロを持ち込むな、等々のことが、人数が少なければ、一度注意をすれば、徹底するところを、何回も、何回も注意をし、宿舎の職員から、来年からは使わせないなどと言われたのも初めてである。来年からは、この合宿も、もっと方法を考えなければならない。

「ＯＢ通信」第六十二号（一九八三年九月）

ＯＢの活躍

秋田県ラグビー六〇周年記念事業の一つとして、招待試合に招かれ、十日（土）秋工を中心とする全秋田と対戦し、11―6で勝って来ました。さすがはラグビー秋田、立派な式典と盛大な祝賀会が行われ、招待者のリコー、釜石、ケンブリッジのメンバーと共に、久我山代表として私がパーティに出席し、大変な歓待を受けました。生徒達も立派な夕食会をやっていただき良い気分で帰って来ました。また、久我山の試合の前に行われた、リコー対全秋田の試合に出場したリコーのメンバーの内、久我山OBが五名も入っていたのにはおどろきです。プロップ相沢雅晴、ロック佐藤仁志、フランカー石塚武生、SO砂村光信、CTB田中雅史。他にプロップ榎本圭太もリザーブで参加しておりました。久我山OBの多くなったリコーに、また往時の強さが出て、社会人チャンピオンを獲得できる日が来ることを期待しています。

「OB通信」第六十二号（一九八三年九月）

日本のラグビーが世界を制覇するには

九月も終わりに近づき、今年もいよいよラグビーシーズン到来です。オックスフォード、ケンブリッジの試合を見ていると、スポーツは、特に格闘競技は、分かり切ったことではあるが、カラダのでかい者が絶対に有利である。ジャパンのロックをやる大八木や河瀬あたりが、CTBやWTB、FBあたりをやるようなチームができれば、日本の動きの速い、パスの上手なそして連続的なラグビーが世界を制覇することも可能かと思われます。
今年は、我が久我山も小さい。FWの平均が174・8㎝、79・1㎏しかない。この小さなFWで勝つためには……。この春から、日比野ジャパンが目指しているのと同じ、個人個人のパワーアップと、動きの速い、つなぎにつなぐ、グランドいっぱいに走り回るテンポの速いラグビーをやらなければならない。そして、ミスを少なく、チャンスを確実にものにできる、そんなラグビーができれば今年も可能性がないわけではない。

「OB通信」第六十二号（一九八三年九月）

もう技術ではない

早い展開でオープンに回し、つなぎにつないで走りまくるラグビー、それが久我山の狙っているラグビーだ。もちろんキックも必要だ。FWの周辺でぐずぐずやっているようなラグビーでは、ラグビーそのものが面白くない。もっとオープンに回して、思い切った攻撃をやるラグビーにしなくてはならない。今年は無理か。大会まであと一ヶ月、と言っても期末テスト前あと一週間、そしてテスト後一週間で、もう技術ではない。選手全員の、どの場面でどう試合をやるかの意志統一と、それを確実に行えるように反復練習をする以外にない。この二週間で、やれるか。

「OB通信」第六十三号（一九八三年十二月）

NZ遠征計画

昭和五十九年度は、久我山高校開校四〇周年にあたり、多々記念行事が計画されております。この一環としてラグビー部のNZ遠征を計画しております。単独チームでの海外遠征は、五年前の昭和五十三年三月に台湾に遠征し、岸主将、本城副将で正月の大会に優勝いたしました。今回、二回目の海外遠征ですが、NZの強いラグビーを学び、また、一名or二名ずつのホーム・ステイで、いやでも英語をしゃべらなくてはならず、大変な経験を積むことになり、そのことが、本人達の成長にプラスとなり、また久我山ラグビーの発展につながっていくということになります。

「OB通信」第六十三号（一九八三年十二月）

目標はあくまでも「一番」

前年優勝、第三シードを受けて、第63回全国高校ラグビー大会に臨みました。このチームは昨年度のように、絶対的な強さはないにしても、かなりできるチームであると思っていました。また反面、かなり下手で、もろいチームであるとも思っていました。どうも今一つもの足りない感じを一年間、ぬぐい去ることができずに大会に臨んでしまいました。結局、対舞鶴戦に、その不安がそっくり出て、あのような結果になってしまいました。

ベスト8が今年の久我山の実力であったと認めざるを得ません。この試合をもって、昭和五十八年度の、久我山ラグビーのすべてが終わった訳です。残念の思いが残りますが、考え方によっては、全国でベスト8の成績が残せれば、立派であると言えなくもありません。しかし、我が久我山ラグビーは、目標が、あくまでも「一番」である。その久我山にとっては、一年間を負け知らずで終わってこそ、初めて目標達成ということになる。途中で負ければ、それは「負け」でしかない。

「OB通信」第六十四号（一九八四年二月）

アタックル

タックルの悪いバックスではどうにも困る。あの日川が伏見を破った試合、そして、あの大津が大工大を破った試合、両方とも、タックルの素晴らしさ、タックルのみで勝った試合である。「アタックル」という言葉がある。今年の久我山の選手諸君には、この「アタックル」をよく理解し、それを、身をもって実践してほしい。私は「アタックル」のできない選手は、他のプレーがいかに上手でも、メンバーに入れないことをハッキリと言っておく。部員諸君の奮起を期待する。

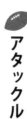

「OB通信」第六十四号（一九八四年二月）

のびのび目黒

梅木先生がラグビーをやめ、野球部の監督になったそうです。ラグビー部は池原、幡鎌両先生の指導の下、のびのびとした雰囲気でやっております。四月十五日（日）三ヶ月ぶりで試合をやり前半0―0、後半0―3本で負けました。今までとは何よりも違う点は生徒が伸び伸びとプレーしていることです。今年の目黒がどのような成績を残すか、この春季大会のベスト8以上の試合が、その意味でも楽しみです。

「OB通信」第六十五号（一九八四年四月）

部員数一七〇名に

新入生がまたまた七〇数名も入部希望を申し出ております。現在、仮入部期間中ですが、今年は少しキックしぼってみようかと思っています。二、三年で九十七名も居る所へ七十六名も入って来ては、お手上げです。用具の不足がはなはだしく、特にボールが今迄でさえ不足のところへこの数では、全くどうしたらよいのか。夏合宿なども、一名につき1万円の補助を出すとすると、それだけで170万円必要です。これからは、全員に同じように活動させることは不可能となるでしょう。チーム全体のレベルダウンということにならないよう考えなければなりません。昔、人数が不足で、陸上部、柔道部などから借りて試合をやった時代を考えるとウソのようです。しかし困ったことではあります。

「OB通信」第六十五号（一九八四年四月）

NZ遠征準備

高校の単独チームとしての海外での本格的なツアーは初めてであり、関東協会はもちろん、日本協会としても大変に力添えをしてくれています。NZの各地に久我山の名が、試合の結果と共に永久に残ることになります。NZと日本とのラグビー交流は、ますます盛んになるでしょう。日本の高校トップレベルにある久我山ラグビーの名を汚すことのないよう、覚悟をもってのぞんでもらいたい。ただの観光旅行にでも行くような、自覚と覚悟のない者はメンバーに入れることはできない。日本国内で、方々に試合に歩くが、いつもグランドと旅館と、それ以外、当地の観光などしたことがない。NZ遠征でも同じこと、遊びに行くのではない。あくまでも、ラグビーの試合に行くのだということを肝に命じてもらいたい。負ければ、移動の日でさえ練習をすることになる。練習時間も長くなる。予定された自由時間など返上ということになる。あくまでも、試合をやりに、それも勝つために、という覚悟をかためることが最も重要である。代表選手の自覚をのぞむ。

「OB通信」第六十六号（一九八四年七月）

NZ遠征報告

絨毯のようなグランド

七月二十二日成田発、二十一日間、訪問先六ヶ所、六試合、一ヶ所三泊四日でした。まずは、ラグビーのことです。結果は、三勝三敗でした。この内、実力的に負けてもやむを得ないと思えるのは、第三戦、ロトルアでの対ウエスタンハイツHSのみです。第一戦の敗因はニュージーランドに着き、各家庭に引き取られて、言葉も良く通ぜず、生活になれないうちに、当方が何もしないうちに、実力を出し切れずに、ミスばかり出て、自滅した感じでした。また、第六戦（最終戦）の敗因は、生活にもなれて、言葉にも自信が出て、なれて来たことによる「ダレ」だと思える。

第三戦の対ウエスタンハイツHSは、NZの高校のトップレベルの実力を有するチームだそうです。NZでは、シーズンの最後に南島、北島それぞれから二校ずつ代表が出てチャンピオンシップを争う。その代表校になる実力を持っているそうで、ウエスタンハイツの先生方が言うには、せっかく、日本からやって来て、コテンパンにやられるのではないかとの心配までしてくれたようでした。試合が始まると、さすがに強く、デカく、とてもトライを取れる形にならない。特にディフェンスの深さというかぶ厚さというか、グランドが狭いのではないかと思うぐらいのディフェンス網で、とうとう一つのトライも取れずに、それでもPGを三つ決め、9—15（相手は3T1PG）で敗れました。我が方も良く戦い、特にタックルを、足元へ走り込むタックルを決めないと倒れないということがやっとわかってきたようで、この一戦でも良くタックルを決めたために、この程度の点差でおさまった感じでした。

この遠征で六試合行い、最も上達した点は、このタックルができるようになったことだと思います。これは、ニュージーランドは、地面がやわらかく、それに見事な芝生で、タックルをすること、倒れること、転がることが、「痛い」ということが全くなくやれること、このような条件があるので、思い切って飛び込んでいける。プケコへでも、ベイオブアイランズでも、小学生が、校舎の中も、体育館も、グランドも、全員ハダシ。それも、真冬です。男の子も女の子も半ズボンに裸足です。

ラグビーという競技は、日本のように、コンクリートのようなグランドや、砂ぼこりで見えなくなるような所でやるスポーツではない。絨毯《じゅうたん》のようなグランドでやるスポーツなのだ！　ということをつくづく感じます。しかし、我々は日本に生まれ、日本で生活している日本人なのです。日本の条件の下でやるしかない。これから始まる全国大会予選及

び本大会に、ぜひこの成果を見せてほしい。（九月五日）

それぞれの思いで

第二に、ラグビー以外のことがらを少し書きます。今回の遠征について日本ラグビー協会と、NZラグビー協会との連絡が密で、また、NZ協会を通して六地区六学校の受け入れ態勢が完璧にできており、我々が到着すると、ホームステイのホストファミリーが全員集合しており、我々スタッフには先生方、生徒達には、それぞれ生徒達がつきっきりで世話をしてくれました。向こうの生徒達は、その四日間は学校も公休となり、買い物、見学、練習、と一日中、つきっきりでマイカーに乗り（十五歳で免許が取れる）（車は車検がないのでオンボロ）、充分なる世話をしてくれました。現地の人達の家庭にステイして、現地の人達と一緒になって英語だけで生活して来たこの三週間は、生徒達にとって大変な経験でありました。

俺のメチャクチャ英語でもなんとか通じる、と自信を持った者。もっとしっかり英語の勉強をしなくては……と決意を新たにした者。日本の高校生は、受験、受験と、勉強に追いまくられているのに比べ、NZの高校生達は、何とのんびりと、ゆっくりと生活している、と感じた者。あの広さ、あの芝生の見事さ、ラグビーとは、あのような所でやるものだと思った者。ヒツジばかりが多く人間が少ないと感じた者。新車のほとんどは日本車であること。夕方、五時になると、すべての商店が閉まってしまうこと。学校で、先生方が指揮をして、我々のために、ディスコパーティまでやってくれたこと。女の子が美人が多いと感じた者。各家庭での食事はマズイと感じた者。マオリの食い物が大変うまいと感じた者。マオリの人達の大変な親切さを感じた者。別れの日、涙を浮かべて、チューなどして見送ってくれた、あのコ達を見て、帰りたくネーと思った者。別れのつらさ、悲しさをいやというほど味わった者。それぞれの生徒達がそれぞれの思いでＮＺをしっかりとかみしめて来たはずです。

私の感じでは、ＮＺの人達は、日本及び日本人に対して、大変好意、好感を持ってくれている、このことが基本となって、我々の旅行が、大変楽しく、そして有意義なものにすることができたのだと思っております。一部の外国人等にみられるような、日本人を見下すようなところは全くなく、マオリの人達も、白人達も、みんなが我々を心から歓待してくれました。我々は本当に快適な旅ができました。

「ＯＢ通信」第六十七号（一九八四年九月）

第二回海外遠征（一九八四）ニュージーランド

原爆の落とされた日

今回の遠征は、日本ラグビー協会とニュージーランド・ラグビー協会との密接な連絡がとられたうえで行われたため、六カ所の遠征先の高等学校では受け入れ態勢が完璧、役員にとっても、快適な旅ができました。とりわけ現地の人たちとの密なる交流が果たせたということは、一般の観光旅行では絶対にできない大変貴重な経験であったと思っております。三週間の遠征中に感じたことのなかから、二つの点について書いてみたいと思います。

遠征の日程も大詰めに近くなって、第五番目の訪問地ウエリントンの、ニューランズカレッジで、こんなことがありました。八月五日、クライストチャーチから飛行機でウエリントン空港に着き、バスで約四十分行くと、ニューランズカレッジに到着です。学校に着くと、体育館にはすでにホストファミリーの人たちが集合しており、我々を迎えてくれました。我が久我山の選手たちは各地で経験してきたように、ひとりずつが紹介され、それぞれホストファミリーに連れられて家路につきました。次の日は、午前九時に学校へ集合しました。この日、我々はウエリントンを見学しました。バスに乗りこもうとしていると、ニューランズカレッジの校長先生が、「今日は広島に原爆の落とされた日です。原爆で亡くなった人たちのこと、このようなことが繰り返されないために、また世界の平和を願って、お祈りをしましょう」と話されました。日本人でさえ忘れかけてしまいそうなことがらを、このニュージーランドの一高校で、全校あげてお祈りをしているということは、一体どういうことなのだろう……。我々は予定通りバスに乗り、ウエリントンの見学をすませ、明日の試合に向かって練習のスケジュールを消化していくうちに、やがて忘れてしまったことではありましたが、なぜか回想のひとこまのなかに残っているのです。

空港で見た世界地図

ウエリントンの空港で気がついたことを、もうひとつ。我々は、この遠征中、ウエリントン空港を三回利用しました。一回は、ロトルアからクライストチャーチへ移動の途中で、飛行機を乗りかえるため。二回目はクライストチャーチからウエリントンに移って滞在のため。そして三回目はオークランドへ向かったときです。この空港の待合室でも、あちこちの空港に見られるのと同じように、高い位置に世界地図がありました。その国の地図はその国が中心に描かれています。当然といえば当然のことですが、それにも増して面白く思ったのは、その地図に示されている日本の形でした。ニュージーランドという国は、日本と大変良く似た島国で、日本よりやや小さい面積を持ち、ほぼ中心からクック海峡によって北島と南島に分けられています。われわれが空港で見た地図上の日本は、東京と新潟を結んだあたりで真っ二つに分かれ、北海道は本州にくっつき、四国も九州もくっついていて、まるでニュージーランドと瓜二つ。二つの島から成っているのでした。このような地図が、おそらく、この空港開設以来と思える状態で、今後も直すなどという気配すらない状態で温存されるのでしょうか。そのような状態の地図を見て、日本は、この国の人たちにとって、それほど無関心でいられる国なのかと思ったりしたものでした。しかし、今日、ニュージーランドの人びとの多くは、産業の発達した日本に大変興味を持ち、日本および日本人に好意を持ち、高校のいくつかは日本語学級を設けるなどして、大変熱心に理解をしようと努めています。空港で目にしたあの地図は、まだニュージーランドと日本との交流がほとんどなかった第二次大戦以前に、おそらく日本のことを何も知らずに作られたものなのでしょう。

創部五〇周年記念誌『燃え続けて。』

プレッシャー

予定通りの代表権獲得ですが、最近は、ＯＢも、先生方も、なかなかウルサイのが多く、勝ちっぷりが気に入らねーとか、得点が少ないとか、色々なことを言ってきます。当事者としては、一試合ごとに、「勝つ」ためにただただ一所懸命です。特に今年は、学校創立四〇周年にあたり、ＮＺ遠征という大事業をやり、何としても負けられないという大変なプレッシャーを感じ、今、予選に優勝して、ホッとしているのが本心です。本大会に対しては、組み合わせを見て、ジックリと考えます。

「ＯＢ通信」第六十八号（一九八四年十一月）

Ａシードの屈辱

すべての責任はこの私にあります。年間の活動のすべては、最終で最大のこの大会のために、この大会に勝つためにやって来たはずです。最終目標であるこの大会に臨んで、初戦敗退という屈辱的な結果に終わりました。八チームのＡシードの一つに入れられたチームが、一月三日のＡシード校同志の試合まで勝ち残って初めて「責任を果たした」と言えます。それをBシードにも入らないノーシードのチームに初戦で負けたとあっては、まったく顔の向けどころがありません。十月の国体時、全東京として同志社主体の全京都に初戦で敗退し、これはおかしいぞと思った訳です。それも残る二ヶ月で、どうにもできなかった。すべては指導者の指導力不足です。この一年間、御支援下さった関係者各位には誠に申し訳ありません。また、正月三が日は奈良で過ごそうと予定をしていたOB諸氏にも誠に申し訳がないことでした。

今はただ、何が不足であったか、何がマズかったのか、私の考え方はどうか、やり方はどうか、言動はどうか、生活態度はどうか、充分に反省し、また、六十年度はどうしたら良いのか、指導方法はどうか、どうあるべきか、等々充分反省し、努力していこうと思っております。

「OB通信」第六十九号（一九八五年二月）

秋工ラグビー六〇周年

秋工ラグビー六〇周年ということで、県内は勿論、県外からも多数のOBが集まり、記念式典、秋工職員チーム対超OBチーム、県外OB対秋田OB、そして久我山対秋工の試合は有料試合で秋田テレビ放映、試合後、記念パーティと、さすが秋工ラグビーと思わせる盛大なものでした。久我山のためにわざわざ歓迎の昼食会を一流ホテルで開いてくれ、校長先生、市長さん、ＯＢ会長などオエラガタが多数出席されて、これもまた、大変盛大なものでした。

全国大会出場四十五回、優勝十三回の秋工の歴史を見る時、我が久我山などは、戦後の新興チームでしかない。この久我山ラグビーを、そして久我山高校を、もっともっと優秀なチームに、そして優秀な学校にするためには、我々職員が、それこそ一所懸命になって、生徒の努力を待つのではなくて、努力させる指導をしなければならない。自覚をもって、決意をもって、反省しそしてそれを持続させなければならない。ガンバロウ。

「ＯＢ通信」第七十二号（一九八五年九月）

なすすべもなく（全国大会出場成らず）

思い起こせば二十五年前、この私が久我山高校の教員になった時、久我山ラグビーを強くするにはどうしたらよいか、どうやったら強いチームになるのか、どうしたら勝てるのか、とそのことばかりを考えて、全国大会に出るまでに十年、それから全国優勝するまでに六年、十六年かかってやっとの思いで日本一のチームを育てた。以後ここ十年ほどは、梅木目黒と、お互いにコロシ合いをしながら、東京の、いや日本の高校ラグビー界を、久我山・目黒、目黒・久我山でリードして来た。高校ラグビー界では一流チームになったのだ。ラグビー界のみならず、今や日本中で「久我山高校」の名前を知らぬ者は居ない。その先鞭をつけたのはラグビー部だ！　二十五年の年数をかけて、「ラグビー久我山」をつくり上げたのだ。

それが、どうだ。0—13（大東一）。なすすべもなく、0点である。完敗である。強かった時の久我山なら、負けるとなれば、メチャクチャに暴れて来る。そのような激しさは全くみられず、ただ頭をたれて……。強い久我山から、強かった久我山になってしまったか。一流チームから三流チームになってしまったのか。この一年、一応の努力をして来たつもりであった。しかし、このような結果になって反省してみた時、やはり努力が足りなかった。優勝した時と比べて、練習の量も少なく、内容も甘くなっていた。人数も多すぎる。久我山に居れば、ただ何となくやっていれば、それだけで一流チームができる、などという錯覚にとらわれていた。一流になるには一流の練習を積まなくてはならないのだ、ということを、生徒ではなく、指導者自身が忘れていたのだ。

「OB通信」第七十三号（一九八五年十二月）

復活のために

時の流れを感じます。昔、この私が、梅木・目黒と共に、保善、京商に挑戦してこれを破り一流チームを作って来た。今、本郷や大東一が久我山、目黒を標的に、努力してきた。そしてこれを破った。これも時代の流れか。もう、この中村誠の時代は終わりか。それならばそれで良い。久我山には、浜野昭夫、土屋謙太郎がいる。二人共、この久我山ラグビーを引き継いでもらうために、久我山に入ってもらったのだ。中村誠が作り上げた久我山ラグビーを、浜野、土屋が引き継ぎ、新たな挑戦をしてもらわなくてはならない。勿論、私も、久我山をやめる訳ではない。ＯＢ会のこと、合宿時の金の計算等、雑用をすべてやって、直接の生徒指導を二人に任せる。主役の交代である。私は脇役として、二人の指導者を援助してやりたい。勿論、学校の人事に関することであるので、今すぐにという訳にはいかない。四月の新学期がスタートするまでに、じっくりと考えて、久我山ラグビー再建には、どうしたらよいか、どうすれば強い久我山の復活ができるか、どうすれば一流チーム復活ができるのか。全国を見渡した時、大分舞鶴が負け、天理が負け、伏見が負け、そして久我山が負けた。全国大会もその顔触れが変わって来たように見える。特に十月の国体で、埼玉と優勝を争ったあの天理が、天理教付高に負けるとは、誰も予想をしなかった。高校ラグビー界全体の底辺が上がり、数も増え、上位チームと下位チームとの差がなくなって来たのではないか。上位チームといえども、ちょっと油断をすると、すぐ足もとをすくわれる。その気になって力を入れれば、多くのチームにチャンスがある。そのようなやってみなければ分からない、「差」がなくなってきたのではないか。このまま終わる訳にはいかない。「強い久我山」復活のために、知力、体力、全精力をふりしぼって、新たな出発をしなければならない。

「OB通信」第七十三号（一九八五年十二月）

新入生のコトバ

今年もピカピカの新入生六百数十名が入学し、我がラグビー部にも三十数名が入って来ました。昨年の反省から、今年は新入生に対して甘くせず、最初から上級生と同じようにやらせております。この内、体格的、運動能力的、精神的にものになりそうな者は半数足らずのようです。この新人達の一人、上級生の質問に対して、次のような答えが返ってきました。「お前はどうして久我山に入って来たか」の質問に、その新人の答え、「僕は大東一も受験し、合格しましたが、大東一ではスゴイ選手が沢山入っているだろう、レギュラーはむずかしいだろう。久我山なら、この僕にでもかなりやれると考えて久我山に来ました」だってさ。久我山もナメられたものです。落ち目になると、色々な部分に現れて来て、そのことがまた落ち目に一段と拍車をかけることになる。我が久我山ラグビーにとって今年こそが勝負の年である。復活成るか、成らざれば三流チームになりさがってしまうだろう。

「OB通信」第七十四号（一九八六年五月）

しつこく

学校が父母会等で午前中授業の時、八幡山へ行き、明大の胸を借りて試合をやりましたが、明治もかなり上のメンバーを組んでくれましたが、それでも対等な試合で、三戦の内、二戦は勝ってしまいました。大学生もムキになって荒い試合をやりますが、久我山の選手も負けずに、ガムシャラに食らいついていきます。この点が、今年のチームの強い訳です。ナグられたり、蹴られたりして、萎縮してしまうようではダメで、負けずに、あきらめずに、しつこく食らいついていく、これが強くなる最大の要因です、今年のチームは、この点がよい。やればやるほど強くなる感じです。六月二十二日（日）しばらくぶりで明中とやりましたが大差がついてしまいました。今年のチームは、大変期待できます。どうぞ楽しみにしていて下さい。

「OB通信」第七十五号（一九八六年七月）

心の底から

どうも、昨今の我が久我山の選手には、激しさが不足しているのではないか。怪我をして、どこか痛い所があって、10の力からマイナス2ぐらいになると、精神的にマイナス5ぐらいになってしまう。ラグビーは肉弾戦である。ぶつかれば痛いのはあたり前だ！　グランドにベタベタ寝るな！　レフリーが声をかけてくれるまで寝テヤガル、何が魔法の水だ！　水をかけたぐらいで治るなら、最初から立て！　腕を痛めたヤツでも寝テヤガル！　足を痛めたって片足で立て！　本当に立てないのなら、這ってでもグランドの外へ出ろ！　甘えるな！　ラグビーをやってるんだぞ！　甘ったれるな！　テンダ。勿論、目標とする公式戦には、怪我を治して、ベストコンディションで臨まなくてはならない。日程と時間、現在の位置と立場、等々よくよく考えて、チーム全体をベストコンディションにもっていかなければならない。部員全員が真剣に取り組まなければ、「勝つ」ということは、やさしいことではないのだぞ！　レギュラーの者達を中心に、部員全員が、この夏を反省し、心の底から「勝ちたい」という気持ちを本気で持ったなら、「今」が大切なのだ。「今日」毎日を、本気になって取り組む以外にないのだ。部員諸君の奮起を望む。

「OB通信」第七十六号（一九八六年九月）

「新人類」ドモにもの申す、オレは怒っているんだ！

最近、各種のスポーツ選手で「練習嫌い」という者が増えているのか、あちらこちらで報じられている。甲子園に出た野球選手、アジア大会に出場した日本の代表選手、そしてあの相撲の世界にまで「新人類」などという言い方で、それを得意にするような風潮があるようだ。強い選手が、勝った選手が、代表になった選手が、「一生懸命にやる」とか「汗を流して努力する」とか「泣きながらガンバル」などということに対して、古い、とか非科学的だ、とかバカらしい、などという顔をして、そんなにまでしてやりたくないなどとぬかしやがる。本当はもっと別にやりたいことがあるが、今はちょっとやってみただけさ、などとぬかしやがる。ブンナグッテやりたい。

そもそも「一生懸命」という言葉は、昔のサムライが与えられた領地に命を懸けたという「一所懸命」の語が転じたものだ。自己の目標に向かって、自分の人生を懸けて全力で打ち込む姿が「一生懸命」ということだ！

スポーツの世界には、必ず勝者と敗者ができる。戦いの終わった後には、「勝者の栄光」と「敗者の屈辱」が厳として存在するのだ。練習することの意義の中には「勝つ」目的があるし、そのための努力なくして目的が達成されるわけがない。

「練習するのは嫌い」「無理をするのはバカらしい」などというヤツらは、自らが自らの人生をスポイルしていることに気付かないバカ者だ！　あらゆる世界において、「勝者」には、その者だけが知る苦しみや悩みがあるのだ！　いや苦悩がなければならないのだ。いやしくもその種目において、地方代表、全国代表など一流選手にまで躍進してきた者が、なぜ素直に「ここまでの道は苦しかった」と言わないのだ？　いやなぜ言えないのだ？

ヤツ等の言う「練習嫌い」とは、謙虚さからくる「特別の努力はしなかった」という意味ではない！「ムキになるのはバカバカしい」といった程度の、人生を斜に眺めた考え方だ！「ほかに、もっと楽しいことがあるのに、こんなことにムキになるのはバカらしい」というスポーツ観がその根底にあるのだ。蹴っ飛ばしてやりたい。まさに唾棄《だき》するに値するヤツラである。

学問の世界に、努力はしなかった、学問は嫌いだった人間で偉大な学者がいるか！　あの偉大なる科学者ニュートンが、「万有引力の法則」を発見して一流の評価を受けた時、「私は浜辺に貝殻を拾って遊ぶ少年にすぎない。私の前には未知の海原が広がっている」と語ったという。この謙虚さ、この意味が分かるかコノヤロウ。

しばらく前の大横綱・双葉山は、六十九連勝という前人未到の大記録を立てながら、なお「いまだ木雞《もっけい》たり得ず」と言って滝に打たれて努力精進したという。わかるかコノヤロウ。

精神的にも、肉体的にも、命を懸けて精進し、努力した者こそが勇者なのだ！　練習もせず、努力もせず、たまたま勝負に勝ったヤツは「たまたま勝っただけ」であり、「たまたま生きていただけ」の価値しかないヤツだ！　こういうヤツラの「自分勝手な発言」「自己中心的行動」に驚き、戸惑い、そして、それを取り上げて書くジャーナリストも気に食わねー。良いことは良い、間違っていることは間違っているとハッキリ言ったらどうだ！

新人類どもめ、いい気になるな、いつの世でも「努力の尊さ」は変わらないのだ。それは歴史が証明しているではないか。苦悩を通してこそ、真の歓喜があるのだ！　昨今の「新人類」などと言われる選手たちは、結局のところ、科学的とか、合理的トレーニングなどの言葉を隠れ蓑にした現実逃避型人間どもであり、自己修養を考えない刹那主義的人間どもであるのだ。

ジャーナリズムも、これら「才能あるバカ者ども」に対して、その非礼・無礼を叱責し、反省を促すことを書いて（言って）ほしい。それをせずに、「新人類」などという新語でかたづけ、甘やかしているではないか。甘やかす方も甘やかされる方も、ものごとを正面から見る、ものごとにマトモに取り組む心の姿勢を持てっテンダ。マトモに見つめるのが恥ずかしいのか？　怖いのか？　しっかりしろっテンダ。コノヤロウ。

どんなことにも、一生懸命に、汗を流して練習を反復して、努力することに価値があるのだ。わかったか！　新人類ドモメ、文句あるか！

「OB通信」第七十七号（一九八六年十二月）

全国への挑戦権

目黒に続いて久我山も、もう終わりか、などと言われ、一時は、監督を引退とも考えました。しかし、各方面からの声でやはり、この私がやらなければならないと思い直し、やるからには、負ける訳にはいかない、勝つためには何をどうやったら良いかと考え、この一年間は大変つらく長い時間でした。日曜・祝日は八幡山集合七時三十分、ということは家を出る時間は六時、遠い者は五時という暗いうちに電車に乗らなければならない。そして夜は、陽が落ちて、ボールがみえなくなるまで。そして明中がやめるまで。私など、座ったまま、何度イネムリをしたことか。平日の学校の決まりから考えればトンデモナイことであって、私も決して、これがベストとは思っておりません。しかし、この一年、勝つために、つらいことが必要だったのです。苦しいことが必要だったのです。

こいつに左のキックをやらせなければいかん、と気がついたなら、今、その場でやらせる。こいつはタックルが悪いと見えたら、明日やらせようではなくて、今、その場ですぐにやらせる。そして、常に、これでいいか、もっと良い方法はないのか、強くなるにはどうすべきか、これで勝てるのか、勝つためには何をやるべきか、ということばかり考えながらやってきました。

春季大会はうまくいった。関東大会も優勝した。しかし、夏合宿をすぎて八月末、ミニ国体において、熊工中心の埼玉に完敗してしまった。今から考えると、この試合は監督であるこの私の采配ミスとしか言いようがありません。もっと本気になって考えて、調整してかかれば、もう少し何とかなったのではないかと思われます。この八月末から九月中旬ごろには、チームの状態は最低であったようです。

全国大会予選の組み合わせが決まり、十月に入って、十一月十六日、そして二十四日を目標として調整をして、やっと関東大会優勝の頃に戻ったような感じです。これでやっと全国への挑戦権を得たわけです。今から一ヶ月、今度は本大会に向かって考えます。十二月二日、組み合わせを見て、焦点をどこにおくか考えます。やっと良いチームができたので、本大会でもぜひ良い成績が残せるように、今後ともご声援ください。

「OB通信」第七十七号（一九八六年十二月）

四度目の優勝（熊谷工業に22—6で勝利）

前夜

思えば、昨年度は、東京代表の決定戦において、大東一高に完敗し、この本大会に出場することすらできなかった。一昨年はあの報徳学園に、一回戦で敗れるという屈辱の大会であった。この一年間、今年うまくいかなかったら、久我山も、二流チームに落ちてしまう、という危機感を持って臨んだ大会であった。勝つためには何を、どうやったら良いのか。トライを取るためにはどのように試合を進めなければならないか。相手に点を取られるとすると、どんな場面か。もし負けるとすると、どのような試合展開になった時か。スクラム・モール・ラックは勝てるか。ラインアウトはどうか。バックスの攻撃方法は良いか。ディフェンスはどうか等々、考えられるあらゆる場面を想定して、納得がゆくまで練習をくり返した。準決勝戦では、熊谷工が早い動きで、展開とスピードをもって、力の大工大を12対7で見事に打ち破った。対して、久我山は天理と対戦し、FWが前に前にと出てプレッシャーをかけ、必殺のタックルで倒し、21対0という、ほぼ満足のできる内容で勝つことができた。その両者が、いよいよ明日、覇をかけて闘うのである。

奈良教育大学のグランドには、報道各社が集まっている。試合に勝つことを考えれば報道関係の諸氏に、練習を見てもらいたくない気持ちはあったのだが。夜のミーティングでこの一年間の反省と、最後の試合にのぞむ心構えと、そして実際の試合の場面を想定してのサインプレー、アタック、ディフェンスの方法等、最終確認をした。決戦を明日に控えて、夜なかなか寝つかれない者も居たようだった。

出陣

一月七日、遅い朝を迎え奈良公園を散歩し、七時半、朝食を摂る。皆の顔色もいいようだ。我々の旅館にはもう報道関係者が来ている。新聞には、今日の決勝戦の予想記事が出ていた。我々スタッフは、最終チェックで余念がなかった。早めの軽い昼食を済ませ、大広間に集合した。団長、監督が最後の訓示を与えて、全員で部歌を斉唱し、いざ出陣である。

精神

花園ラグビー場には、一般客にまじって、久我山ＯＢ達、応援の生徒達がいた。人波にもまれるように正面玄関よりロッカールームに入った。激戦の跡を思わせる包帯やバンソウコウが裸のたくましい肉体にまかれている。ジャージーの下に包まれている肉体は、誰一人として傷ついていない者はない。一日おきの四試合を勝ちぬいて来た選手には止むを得ないことである。ラグビーはボールを中心とした集団格闘技である。勝利に対する意欲あるのみ。今から始まる一時間の試合のために、一年間を費やして練習を重ねて来た。第二グランドで調整をして、一旦、ロッカールームに引き上げた。時間は一時四十分、関係者以外立入禁止のロッカールームで、二十二名の選手が無言、無音の中で数分間の黙想。その後、キャプテンの「やるゾー」の大音声のもと、決勝の場へ飛び出して行った。

優勝

寒いが、天候は上々だ。前半、久我山はＦＷがよく動き、モール・ラックのボールを六分以上獲得し、吉雄の正確なキックで前進、12対3とリードして折り返した。前半の感じでは、我が方の動きが勝っている。ボールの獲得数が多い。スクラムも勝っている。バックスもミスがなく、縦の動きが良い。勝てる！　ハーフタイムの指示も、「後れをとるな」一言である。

後半も、ＦＷがよくボールを支配し、相手の攻撃に対しては踏み込んだタックル、キックに対してはＦＢ阿部のポジショニングの良いキャッチと、それを攻撃に切り換え、ピンチを逆にチャンスに持っていくという理想的なかたちで、熊谷工の得意とするオープン攻撃を全くさせずに、ほぼ完璧な試合で勝つことができた。

創部五〇周年記念誌『燃え続けて。』

かくして久我山ラグビーは第四回目の全国制覇を成し遂げた

前進

我々は、一年間をかけて、選手にとっては、高校生活三年間のすべてをかけて、この大会に向けてやってきたのである。今大会の優勝によって、我が久我山は、四回目の全国制覇を成し遂げた。屈辱を晴らし、借りを返した、という感じである。

だが、凱旋したすぐ翌日から、もう六十二年度が始まっている。新たなメンバーで、新たな年度の大会に向けて、また活動を開始する。

日本の高校ラグビーの歴史に、「國學院久我山」の名を確固たるものとするために、休まずに、あきらめずに、命のあるかぎり、前進しなければならない。

＊美しい花のかげにはかくれた根の力がある。

校報（一九八七年）

部長として臨む久我山ラグビー（5回目の優勝）

昭和六十二（一九八七）年　第67回全国大会東京都予選決勝で敗退（対大東一）
昭和六十三（一九八八）年　第68回全国大会東京都予選決勝で敗退。監督交代
平成元（一九八九）年　第69回全国大会でベスト8。
平成二（一九九〇）年　第70回全国大会東京都予選決勝で敗退（対早大学院）
平成三（一九九一）年　第71回全国大会で準優勝（二回目）
平成四（一九九二）年　第72回全国大会3回戦敗退。海外遠征（韓国）
平成五（一九九三）年　第73回全国大会でベスト4
平成六（一九九四）年　第74回全国大会でベスト4。海外遠征（カナダ）
平成七（一九九五）年　第75回全国大会でベスト8
平成八（一九九六）年　第76回全国大会でベスト8

平成九（一九九七）年　第77回全国大会で優勝（5回目）。対伏見工業33—29
平成十（一九九八）年　第78回全国大会でベスト8。創部五〇周年記念試合開催
平成十一（一九九九）年　第79回全国大会でベスト4
平成十二（二〇〇〇）年　第80回全国大会2回戦敗退
平成十三（二〇〇一）年　第81回全国大会でベスト8

甘さ

この春は、負けばかりで終わりました。言い訳を言えば、毎日激しく試合試合と続き、十日も経過すれば、ほとんどの者がポンコツとなってしまい、満足なメンバーが組めない、全員揃った時の二軍に相当するようなメンバーで戦っていることを考えれば、仕方のないことだと言えなくもない……と考えることが甘さにつながるのだ！　昨年の全国大会を考えてみろ、毎試合、ケガ人ケガ人で、登録メンバーぎりぎりであったではないか。チームが最低の状態でも勝てる、というところまでいかなくては本物ではない。

「OB通信」第七十九号（一九八七年四月）

一徹の強さ

今年の本郷はトライを取る形を持っている。九人ラグビーと言われようと、ただただFWのモールの押し込み一本やり、キックで敵陣に入り、スクラムからサイド攻撃、そしてモールの押し込みでトライを取る。バカの一つ覚えと言われるほどこればかりやってくる。しかし、久我山の選手諸君よ、バカほど恐いものはない、ということを知っておけ！　生半可な攻撃をしてくるチームより、一つの方法に徹して、コレデモカ、コレデモカと徹底してやってくるチームは強いのだ！　あのモールを崩す一発のタックルと、モールを押し返すFW全員のパックの利いた突っ込みと、しかも目を開けてボールを見ながらのプレーと、そして、それ以前に、敵陣で試合をやるということができなければ、本郷に負ける可能性も大であることを肝に銘じておいてほしい。

「OB通信」第七十九号（一九八七年四月）

ラグビーはフットボール

前半、風上に位置しながら、風上の鉄則であるキック攻撃をしなかったことも大きな敗因の一つだ。最初のトライが簡単に取れたので、次も回して、次も回して、その次も回して、その全部をつぶされてしまうという、最低の攻撃をやってくれた。半分抜けかかっても、半分ずれても、そこで抜けないのが決勝戦だ。キックをしなければ勝てないということは、昨年度優勝したチームを考えたって、今年の春の大会を考えたって、理解できるはずだ。八幡山でだって、何回となく言ってきたはずだ。それなのに、ああそれなのに、なぜキック攻撃をしないのだ。ラグビーとは、ラグビー・フットボールだということを、なぜ理解できないのだ！　大学ラグビーだって、考えてみろ！　重戦車ＦＷの明治だ、ゆさぶりの早稲田だと言ったって、自陣からゆさぶりをやるかっテンダ。自陣からＦＷパスばかりやるかっテンダ。キックして、キックして敵のゴール前に攻め込んで、ここ一番のときこそ、得意の攻撃を仕掛けるのだ。22ｍラインというのは何のためにあるのか考えてみろ。上位に勝ち進み戦力が接近すればするほど、キック攻撃が有効な手段となるのだ！

「ＯＢ通信」第八十二号（一九八七年十二月）

みんな指導者の責任

コンチクショウ、なぜ負けやがった！　しかし、どう考えても、行きつく所は、指導者の責任です。ポロポロ落とすのも、ゴールキックが入らないのも、同じことを何回も繰り返す、下手な攻撃も。落とさないように練習をさせなかった、指導者に責任がある。キックが入らないのも入るように練習させなかった責任だ。下手な攻撃も、ノッコンをするのも、フォーリング・ダウンをするのも皆、そんなことをしないで試合ができるようにしなかった指導者の責任です。宿題をやってこないのも、イネムリをするのも、授業に集中しないのも、みんな指導者の責任です。この指導体制をどうするかについては、学校の新年度、四月までにはハッキリさせます。

「OB通信」第八十二号（一九八七年十二月）

今朝は十二月二日

この一年間、何が、どこが悪かったのか。目に見えない部分も掘り起こして、謙虚に反省して、この一年間をどうしたらよいのか。指導体制はどうか。指導方法の誤りはどこか。指導者のものの考え方はどうか。生徒への接し方はどうか。言動はどうか。生徒から信頼を得られる指導者であったか。一人の先生として、一人の人間として、生徒から信頼を得られる人間であったのか。まず最も根本となるべき点から反省しなければならない。そして来年を見ておれ……。必ず……。必ずや……。やってやる。

「ＯＢ通信」第八十二号（一九八七年十二月）

監督交代

問題のほとんどは我々指導者側にあることを謙虚に反省し、新年度以降の指導体制を確立することを第一として、それぞれの指導方法から、我々の言葉使いに至るまで、細心の注意をして、充分に考えて……。来年度以降の久我山をぜひ見守ってほしい。部長・中村誠、監督・浜野昭夫、コーチ・土屋謙太郎、主将・加藤寿岳、副将・浦松昌史、委員ＦＷ・杉山隆太、田中克紀、委員ＢＫ・津田慎治、成田聡。以上の新体制で臨みます。

特に注意することは、選手が監督、コーチの顔色をうかがいながらやっているのではなく、キャプテン、バイスキャプテンを中心に、「自分達で考えて、自分達でやっているのだ」という、久我山ラグビー本来の自主性を重んじたラグビーにならなくてはならない。監督、コーチは口うるさい小姑になってはならない。居ても居なくても普段は感じないが、いざ居なければ生きていかれない「空気」のような存在こそが、指導者の理想であると私は思っている。六十三年度、浜野監督を中心に、どんなチーム作りができるか。また、中村、土屋がどのようにサポートするか。どうか今後の久我山ラグビーを見守ってください。

「OB通信」第八十三号(一九八八年二月)

スクラムが負けたら

今、もの足りないのがフロントローである。決して弱いとは言わないが、実に強い時と、なんでこんなに押されるのか、と思う時がある。相田にしろ、羽賀にしろ、あれだけでかい体格を持っていながら、なぜもっと強くならないのか。特に羽賀だ。右前へ出ろ! というのになぜ左へ入っていくんだ。そして結局、ズルズルと下がってしまうではないか。今、久我山で一番の問題は、このプロップだ。ここが強くなれば、今年の久我山はかなりやれると思う。プロップの連中は、昨年の大東戦をまさか忘れてはいないだろうな。スクラムが負けたら、今年も試合そのものに負けてしまうのだということをしっかりと自覚してほしい。

「OB通信」第八十四号(一九八八年四月)

命運

昨年度、一年間がうまくいかなかった最初のつまづきは、この春季大会です。準決で真中にトライをしながらゴールを外してしまうという、考えられないヘタクソさの結果、ジャンケンに負け、決勝戦をやれなかった、そのことが、秋の大会の結果へとつながっている。ユメユメ忘れちゃイネーだろうな！　大東一のあの3番108kgは今年もいるんだぞ！　スクラムは大丈夫か。プレースキックは大丈夫か。そして何よりも大切な、先生と生徒、選手と試合に出られない者、そして選手同志の信頼関係は大丈夫か。今年の久我山は、どうあっても勝たねばならない。負ければ新監督が責めを受けることになる。この久我山は、時代が変わっても「強い久我山」でなければならないのだ！　今年こそ、久我山ラグビーの命運を決する年である。監督も、コーチも、選手も、補欠も、その他部員全員が、自覚と誇りと責任を持ってこの大会を乗り切ってほしい。

「OB通信」第八十四号（一九八八年四月）

部長の心得

目黒に代表されるように、指導者が代わったら、とたんにチームが弱くなるということだけはしたくない。指導者が何代も代わろうと、時代が流れていこうと、久我山ラグビーは常に強いチームでなければならない。私が理想とするのは、秋工のラグビーと天理のラグビーです。この二チームに代表されるように、高校ラグビー界で常にトップを競い、代表選手を送り出し、日本の高校ラグビー界をリードしていくようなチームでありたい。しかし、この私も、久我山ラグビーからまるっきり手を引いてしまうわけではありません。OB通信の発送と、OB会の会計という大変な仕事、そして現役生徒にとって重要な進路の問題、渉外、合宿時、遠征時の金の取り扱いといったことにあたり、浜野監督が土屋コーチとともに生徒を鍛えて、強いチームを作ることに専念できるように周りのこと雑多なことを引き受けてやろうと思っています。

「OB通信」第八十四号（一九八八年四月）

中学ラグビー部

本年度より久我山中学でラグビーを経験した者達が高校へ進学して来ました。このことは大変なことで、昨年までは、春のうちは、明中と一年試合をやっても、勝つどころか試合にならなかった。夏合宿で大工大あたりの一年と試合をするとコテンパンにやっつけられて、惨めな思いをしたものですが、今年は違う。現在、四月の時期で明中の一年と勝ったり負けたりの対等な試合をやっている。外部から入ってきた者が約二十名、久我山中からの者が十七～十八名、合わせて三十七～三十八名の新入生が、やがて久我山ラグビーを背負って立つ選手に育ってくれるだろうと願って。楽しみであります。

「OB通信」第八十四号（一九八八年四月）

今年の一年生

中学校からの一貫組が初めて高校一年生となりました。我がラグビー部にも、この連中が十七名も入ってきました。一年全員で三十九名の部員のうち約半数です。そのためか、今年の一年は、グランドでの練習を見ていても、どうも例年と違う。良く言えば明るく伸び伸びしているが、悪く言えば緊張感が足りない。外部から入学してきた者は、運動能力やその実績や、将来久我山ラグビーを背負って立つ選手になれるのか、そして大学の進学の問題までも含めて、親の考え方までを、面接してこの私が確認したうえで入学させている。皆、やがては久我山のレギュラーとなり、高校生の東京代表、日本代表を目指してもらわなければならない選手達です。それに比べてこの連中は、「久我山高校ラグビー部の目標」とか「久我山ラグビーの有り方」とか「久我山ラグビー部員としての心構え」などといったことに対して理解が不足しているのではないか。特に勉強の遅れている者達よ、いったい大学進学はどうするつもりだ。ラグビー選手として高校代表にでもなれればよいが、勉強もダメ、ラグビーもダメな者達は大学など行かずに就職するつもりか。取り柄のない人間はダメな人間だ。レギュラーになれそうもない選手は、さっさとラグビーなどやめてしまい、勉強に専念したらどうだ！　伸び伸びやるのも良いが、すぐに三年生になってしまうぞ！　よく考えろ！

「OB通信」第八十五号（一九八八年七月）

二年連続で大東一に敗北す

昭和四十四年度、全国高校ラグビー大会に初出場して以来、初めてのことです。二年連続で、同じ時間に、同じ場所で、同じ相手に。もし、この試合に負けたなら、久我山ラグビーもダメになってしまう、という危機感を持って、必勝の決意で臨んだはずのこの試合に。仇討ちどころか返り討ちにあってしまいました。強い久我山ラグビーが、昔強かった久我山ラグビーになってしまうのか。坂を転がるようにならなければよいが……。目黒がダメになり、続いて久我山もダメになってしまうのか。

ＯＢをはじめ、日本中の久我山の関係者が、どれほど正月のテレビや新聞を楽しみに待っているか。久我山ラグビーは今や単に「久我山高校の中だけの一クラブ活動」では済まされないものになっているのだ。全国大会に出なければいけないのだ。勝たなければいけないのだ。どうしたら勝てるのかを本気で考えろ！　試合に負けて、明日の祝日は休みだ！　などと言っていて勝てるわけがない。負けたなら、その日から練習をしろ！　正月など元日の朝からやれ！　今までの三倍も五倍も練習しろ！　全員がグランドでぶっ倒れるか、全国優勝するか、どっちかまでやれ！　そういう迫力がないのだ！　場所がないから休みだ！　天気が悪いから休みだ！　などと言ってるヤツはラグビーなんかやめてしまえ！　久我山ラグビーは、チャンピオンシップ・ラグビーだ！　レクリエーション・ラグビーではない！

負けたということは、相手よりも、練習の方法が悪かったのか、練習の取り組みが悪かったのか、心構えが悪かったのか、指導の方法が悪かったのか、指導者が悪かったのか。何かが悪かったのだ！　相手よりも劣っている部分が多かったから負けたのだ！　相手よりも優れた部分が多ければ勝つのだ！

あまりいろいろと言っても言い訳にしかならない。この辺でやめておこうと思う……が、これだけは言いたい。

勝負というものは、勝ったか負けたかという結果こそがすべてだ！　いい試合だった、などという慰めの言葉など聞きたくない！　内容を問題にするのは勝った時だ！　1点だろうが100点だろうが負けてしまえば内容など問題ではない。「負けた」という事実が残るだけだ！　過程が大切なのだ、とか、教育的意味がどうだとか、甘いことを言うな！　そんなものはすべて「勝利」のあとからいくらでもついてくるものだ！

「OB通信」第八十七号（一九八八年十二月）

国学院栃木ラグビー部

県内では国栃「コクトチ」と呼ばれているそうです。久我山にいる土屋謙太郎と同期生の久我山三十一期生、吉岡肇が昨春より正式な教員として赴任して一年足らず、この一月の新人戦でもう県内ベスト４に入ったようです。県内の下野《しもつけ》新聞あたりでは、国栃のラグビー部の紹介や、吉岡先生の紹介記事やらが出て、なかなかの人気のようです。さて、これからがむずかしい。ベスト８、ベスト４あたりまで来て、いよいよトップを狙うという、ここからが問題だ。栃木では、作新学院と佐野だ。この二つを破って県代表となるには、一年や二年ではできないだろう。この一年、久我山に連れて来て合宿をしたり、菅平に連れて行って、久我山と一緒に練習をやらせたり、平成元年からの夏合宿のグランドの確保、旅館の交渉などもすでに済ませたり、などなど、吉岡先生の動きを見ていると、彼ならやってくれるだろう。近い将来に、必ず、栃木県の代表となって、花園のグランドで、この久我山と相まみえることになれば、こんな喜ばしいことはありません。あせらず、あわてず、そして、考えて、思いついた事は、すぐやる、やってみる。ガンバレ吉岡。

「ＯＢ通信」第八十八号（一九八九年二月）

夢と現実

今、学校は、一学期の期末試験中です。この試験が終わると、生徒はいよいよ夏休みです。教職員は、成績の整理、指導記録の作成、通知表の記入、諸々発表用の原稿書き等々で、二十五日頃までは休めません。夏休みに入っても、ラグビー、ラグビーで一ヶ月余りの夏休みも、すぐ終わってしまいます。たまには、ラグビーからも離れて、のんびりと旅行でもしてみたいと思います。私は、冬のイギリスは知っているが夏のイギリスは一回しか行ったことがない。また、イギリス以外のヨーロッパは夏しか知らない。アジアの諸国も、台湾と香港ぐらいしか知らない。中国の大陸を歩いてみたい。インドで夏を過ごしてみたい。アフリカの大草原をジープでぶっ飛ばしてみたい。アマゾンの探検をやってみたい。豪華客船で世界一周旅行をのんびりとやってみたい。そして、……夢ばかり……現実に戻って、今日中にＯＢ通信を書き上げて、試験問題を作って、ＨＲ記録を書いて……。

「ＯＢ通信」第九十号（一九八九年七月）

力を出し切る

自分達の持てる力を充分に出し切った試合であれば、たとえ負けても、満足はできないにしても、仕方ない、と言えるだろう。しかし、持てる力を出し切らずに終わった試合は、勝ってもどこか不満な、不消化な、不充分な気持ちが残ります。試合というやつは、自分達の持てる力、すなわち一年間をかけて磨いてきた技と力を30分、30分に全部出し切れるか、そして、相手の力をいかにして出させないか、の勝負である。

我が久我山の今年のチームを考えて、五月、春季大会優勝、六月関東大会優勝、そして夏合宿での練習試合等考えてみて、相手が啓光学園だろうと、花園だろうと、茗渓だろうと、秋工だろうと、自分達の持てる技と力を出し切った試合ができれば、必ず勝てる。それだけの実力を持っているのだ！　相手を甘く見るな！　相手を恐れるな！　平常心を持って、冷静に、細心に、大胆に、一本のキック、一本のタックル、一本のスクラム、一つ一つのすべてのプレーに全神経を集中してやれ。関東大会で13―3で茗渓に勝った久我山が、夏合宿で26―6で啓光に勝った久我山が、本大会で勝てない訳がない。もし負けることがあるとすれば、前に踏み込んでのタックルができなかったとき。スクラムからの球出しが狂ったとき。マイボールのラインアウトを取られてしまうようなとき。グランドの位置と風を考えないキックをしたとき。攻め込んだときのチャンス、攻め込まれたときのピンチ、の大切なときにペナルティを取られるような反則を繰り返したとき。ＰＧが入らないとき。そして、何よりも大切な、イーブンボールの取り合いに負けるとき。タックルドボールが取れないとき。味方が持ってできたモール、ラックが敵に出てしまうようなことがあったら、負けるでしょう。

「OB通信」第九十二号（一九八九年十二月）

力を出し切れず

第69回全国高校ラグビーフットボール大会はご存知の通り、あの天理の優勝で幕が下りました。あのボールがタッチ側に弾んでいれば……。久我山のゴールキックが入っていれば……。前半の天理のトライに一人でもタックルができていれば……。あの試合に勝っていれば……。コンチクショウと思わずにいられません。この悔しさを、二年、一年の選手達がぜひとも一年間持ち続けてほしい。毎日の練習で、他校との練習試合で、八幡山での練習で、このことを思い続けてほしいのだ！　負けても仕方ないという試合ではない！　勝って当然の試合だ！　それなのに、負けなければならない試合ではないのに、負けてしまった。だから悔しいのだ！　力がありながら、それが出し切れないという、こんな悔しいことがあるか！　力を出し切って負けたのなら仕方ない。力がないなら、これも仕方ない。しかし、力があるのに、それを出し切れない。何かが悪いのだ！　どこかが間違っているのだ！　その「どこか」を、「何か」を、何とかしなければ、来年もまた勝てないぞ！　二年、一年の奮起を望む。

「OB通信」第九十三号（一九九〇年二月）

老人の跋扈

時代は流れて行きます。久我山ラグビーも中村誠監督は部長となり浜野昭夫が監督になった訳です。OB会役員も時代と共にバトンタッチしていかなければなりません。嫌われながら居座る年寄りを老人の跋扈《ばっこ》と言います。そういう組織は必ず衰退します。久我山のラグビー部も中村誠がまだまだやれば良いのにとか、惜しいとか、ずいぶん言われましたし、私自身だってまだまだやれる自信はあります。しかし、いつまでもそうしていたら次が育ちません。監督が代わったらダメになったというチームはいくらでもあります。昔、強かったと言われるチームは沢山あります。久我山はそうはしたくないのだ！　久我山は秋工のように、天理のように、時代が流れても、強いチームで居続けなければならないのです。そのためには、若い者に責任を譲っていかなければなりません。若い者を引き立てていかなければなりません。そして若い者達はまた、驕《おご》ってはなりません。年寄りを尊敬し、あくまで謙虚に、周囲を立てて、気配りを忘れないことです。そのような組織は必ず伸びるでしょう。

「OB通信」第九十四号(一九九〇年四月)

春季大会に敗れる

春休みの練習で負けに負け、今年は心配だと言っていたことがその通りになってしまった訳で、まことに残念なことです。久我山が弱くて負けたなら、しようがない。相手が強くて負けたならしようがない。今回の負けは、そうではないのだ！　ゲームの組み立てが下手くそで負けたのだ！　試合運びが下手くそで負けたのだ！　勝って当然の試合を、負けるように、負けるようにやったとしか言えない内容だ。しゃくにさわってしょうがねーよ。

第一にラグビーは、トライの取り合いではないのだ。点の取り合いなのだ。点を取るのはトライだけではないのだ。敵陣で試合をやることが何よりも重要なことなのだ。サインプレーサインプレーと、サインプレーばかりやってたって何になるんだ。それも自陣で回して、つぶされて、敵ボールのスクラムに変わってしまう。バカなことをやるなテンダ。自陣でサインプレーなどやって、五メートルや一〇メートル進んだってだめなのだ。そんなことは敵陣に入ってここ一発でトライを狙うという時に思い切ったサインプレーをやるんだ。いつもいつもサインプレーをやっていたら、サインプレーがサインプレーでなくなってしまうではないか。同じことを何回もやって、同じ所で何回もつぶされて、バカなことやるなテンダ。

第二に、15―7とリードして敵陣左二十五メートルの位置のＰＧ、追加点を取る絶好のチャンスを、ＰＧを狙わずに突っ込んで、つぶされてしまう。何を考えてるんだ。練習のための試合と、本番の試合との区別がつかないのか！

第三にスクラムだ。スクラムというのは後ろの五人が押すのだ！　それを、自陣ゴール前で、第三列の三人が離れてしまう。プロップが対等としても、相手の後ろ五人と、こっちはロックの二人で勝てる訳がないだろう。サイド攻撃などというやつは、スクラムを組みながら警戒するものだ。スクラムを組みながら、サイドのタックルにも行けるフランカーでなければ役に立たない。ナンバー８も離れるな！　スクラムは八人で組むんだ！　特に後ろの五人が押すんだということを頭に叩き込んでおけ。

第四に、15―11と追い上げられての残り10分、試合開始のドロップキックだ。ノット10メートル→敵ボールスクラム→ゴール前へのキック、もみ合いからトライを取られるという、全くバカなことをしたもんだ。敵のインゴールまで蹴り込めばいいんだ。敵陣でやっていれば心配ないんだよ。試合の時間経過と得点差、グランドの位置と攻撃方法。そして、一本のキック、一回のスクラム、一回のラインアウト、その一つ一つがすべて勝敗につながってくるんだ。

最後に、いちばん悪いのは監督、コーチ。選手が下手なのは、上手になる練習をやらせなかった監督の責任だ！　チームが弱いのは、強くすることのできない監督、コーチの責任だ！　試合のやり方が下手なのは、勝つためにはどういう場合にどういうことをするかを教えられない指導者の責任だ！　自分自身に本当に指導する能力があるのか？　を素直な気持ちで本気で考えなくてはならない。上手くいったときは選手が優秀だから、上手くいかないときは指導者の指導能力が低いから、と本気で考えなければならない。それではどうするか……こそが最も重要な問題だ！

「OB通信」第九十五号（一九九〇年七月）

関東大会にも敗れる

全国優勝四回の、常に全国的視野でラグビーに取り組んでいるはずのこの久我山が……ああ、何と情けない。俺は久我山だ！　という誇りはなくなってしまったのか、俺は久我山高校ラグビー選手だ！　という自信も自覚もなくなってしまったのか！　これが、この私が三十年をかけて創り上げてきた久我山ラグビーか！　日本刀を持ってきて監督も、選手も、全員ブッタ斬ってやりたい！　今年はダメか？　正月は家にいるのか？　正月、家になどいたら、何をしたらいいんだ！　このままでは十一月、早大学院にも負けるだろう。久我山ラグビーも、いよいよダメか。監督が代わったら、ダメになってしまった保善、目黒。そして久我山もそうなってしまうのか？　昔、強かった久我山に成り下がってしまうのか。……いやいや、そんなことは絶対にあってはならないことだ！　何とかしなければならない。思い切った策を取らなければならないだろう。前に出ないバックスなど、全員クビにしてしまえ。タックルのできないフランカーなどすぐ取り替えてしまえ。ＦＷとＴＢとを全員入れ替えてしまうような、トンデモないことをしないとダメだ！　このまま同じような練習を、同じように繰り返していたのでは、早大学院にきっと負けてしまうぞ！

「ＯＢ通信」第九十五号（一九九〇年七月）

久我山ラグビー城に火が点いた

あの十一月十八日、早学に負けて以来、学内・外、各方面から色々な批判、助言、忠告等々を、いやというほど聞かされた。それ等を要約すると、「監督がダメだ」「監督を代えろ」「もう一度お前がやれ」という声がすべてです。なぜ監督の責任なのか……。あの早学が強くて、タックルしてもタックルしてもくらいついても、どうにもならないというほどのチームであったなら、仕方ない。良くやったが相手の方が上だった、とあきらめもつくだろう。しかし、そうではないのだ！　久我山は、あの早学に対して、体格も、体力も、技術も、練習量も、練習方法も、何をとっても負ける要素はないのだ。勝って当然、世の中のすべての人々が久我山が勝つと考えていた、その試合に負けてしまう。これはもう監督の責任以外の何ものでもない！　この一年間をどう考え、どういう信念を持って、どういう指導をしてきたのだ！　生徒がやらないのは、やるように指導できなかった先生の責任だ！　学校の先生というヤツは、とかく錯覚に陥りやすい。授業では何を言っても生徒はハイと言っていうことを聞く。父母は子供が世話になるからと、先生、先生とオダテて、言いたいことがあっても言わない。そのことを勘違いして、自分が偉い人間になったと思っていやがる。人が頭を下げるのは、自分が偉いからだなどと、トンデモナイ思い違いをしているヤツが多い。

もう浜野監督では勝てないのか！　久我山も目黒になってしまうのか、久我山も保善になってしまうのか、「昔強かった久我山」になってしまうのか！　三十年という歳月をかけて創り上げてきた久我山ラグビー城に火が点いてしまったのだ。このままでは燃え落ちてしまう。何とかしなければならない。もう一度、この私が監督に復帰するか、あるいは土屋謙太郎を監督にするか、というところまで、徹底的に話し合いました。結果、最終的には、監督である浜野昭夫自身の意志が最も重要である、との結論に達し、新チームの練習が開始される十二月期末試験の最終日、浜野昭夫先生は、結論を持ってきました。それは、「来年も自分がやりたい」「来年も監督をやらせてくれ」ということです。ということは、職業を賭してという覚悟の上に立ってのことだ！　ということを確認したうえで、三人で校長室へ行きました。佐藤校長、小林副校長、そして我々三人でこの一ヶ月間の話し合いの経過を報告し、結論として、浜野昭夫監督の職を賭して来年も自分が監督をやりたい、という覚悟を述べ了解を得た訳です。

先生には「来年」がある、しかし生徒の高校生活は「今年」しかないのだ！　世間の批判、責任の重大さ、など周囲の事情をよくよく認識したうえ、職業を賭して、という覚悟を持ち、そのうえで来年も監督を……と言うからには、もう、我々には何も言うことはない。浜野昭夫を男にしてやらなければならない。中村誠も、土屋謙太郎も、それぞれの立場で、全面的に応援をし、協力をし、何としても全国優勝をさせなければならない。久我山ラグビーの健在であることを、日本全国に知らしめねばならない。来年を見ていてくれ！　やれば必ずできるということを見せてくれるであろう。

「OB通信」第九十七号（一九九一年二月）

1・5mの押し

試合は勝たなければダメなのだ。秋までに、FWはラインアウト、モール、ラック、そしてスクラムだ。スクラムはルールが変わって押してはいけないのだなどと考えたらトンデモナイことになるぞ！　1・5m以上いけないということは、1・5mまでは押して良いということなのだ。実際の試合ですべてのスクラムを1・5m押したなら、敵ボールを全部取ることができるだろう。考え違いをするな！　勝つためには、何をしなければならないのかを考えろ！　TBは、確実にトライが取れる攻撃力、それに仰向けに倒す強力なタックルだ！　そして正確なゴールキック、レベルの高い、力の拮抗した試合になれば、たった一つのPGが入るかどうかで試合が決まるのだ。よーく頭にたたき込んでおけ。秋までに、これだけのことができなければ、また大東一に負けてしまうぞ。負けてから泣いてもどうにもならないんだ！　この夏が勝負だ！　監督も、選手も、覚悟して取り組め。

「ＯＢ通信」第九十九号（一九九一年七月）

ＯＢ通信一〇〇号に達する

昭和四十九年（一九七四年）二月十四日に第一号を発刊してから十七年間、私も、よく書き続けました。昭和四十九年というと、浜野昭夫現監督が大学の四年生です。今の高校三年生が生まれた年度です。第一号からすべての原稿が私の手元に保管されてあります。本来なら、一〇〇号記念として、製本でもして皆さんに配らなければならないところですが、何しろ、授業の合間、仕事の合間に書いておりますので、書くのがやっとで、製本するなど手が回りません。まあ原稿さえ取っておけば、そのうち誰かが本にでもしてくれるでしょう。ＯＢ会もいよいよ組織がしっかりとできてきましたので、会計だけではなく、この通信も私の手元を離れて、ＯＢ通信編集委員などという役を作って、そちらでやってもらうようにしなければならないと思っております。

私の手元には、秋工ラグビー五〇年とか、福中・福高ラグビー五〇年、松商ラグビー四

○年等の部史、各大学の部史、年会報などが沢山あります。久我山も、やがては、久我山ラグビーの部史編纂委員会などというやつを作って、ラグビー部史も作らねばならないと思っています。その時は、一期生の高村（正孝）会長以下、各期のＯＢに原稿を書いてもらわなければなりません。この私も、今までは、ただただ久我山を強くする、全国大会に出て勝つことだけを考えてきましたが、久我山ラグビーの歴史、流れ等を考える時、やっておきたいこと、やらなければならないことが沢山あるように感じます。人間、過去を振り返るようになったら、老いた証拠だ、と言いますが、久我山の歴史も考えるが、この私が一番気になること、そして一番大切なこと、それは、やはり、久我山が勝つことです。強い久我山を維持することです。強い久我山だからこそ、存在価値があるのだ！　東京の代表にもなれない久我山ラグビーなど、無くても同じだ！　勝てない久我山ラグビーなど、やめてしまえ！　浜野監督以下、選手諸君にがんばってもらう以外にない。今年の久我山は強いと毎日新聞にも書かれた。今年勝てなければ、もう久我山もオワリだ！（九月十二日）

「OB通信」第一〇〇号（一九九一年九月）

与えられた使命

優勝四回、準優勝二回、第三位二回、ベスト8四回という実績を持つ我が久我山ラグビー部も、ここ数年、いまひとつ迫力に欠ける。何か物足りない、欲求不満がつのる成績しか残せません。今年度も、代表が決定するとすぐ、新聞やテレビ等の報道機関を始め、他チームの監督や関係者から、優勝候補だ、などと言われています。久我山は、出場するだけではダメなのだ！　出場したら、必ず一月七日まで試合をやるんだ！「東京」という一地区で代表になったぐらいで、泣いたりわめいたりするな！　我が久我山ラグビーは、代表になって、アタリマエなのだ！　アタリマエの顔をしてろ！　試合前にロッカールームで気合いを入れて、興奮して涙を流しながらグランドに出て来る、などということを、どっかの大学がやったからといって、すぐにそのマネなどするな！　それにはそれなりの理由があるんだ！　わけもわからずに、形だけをただ真似をする。サルマネというんだ！　点が入る毎に抱き合って喜ぶのはバレーボールだ、点が入る毎に飛び上がって喜ぶのはサッカーだ！　ラグビーは違うんだ！　トライゲッターよりチャンスメーカーたれ！　というラグビーの言葉を知っているか。ワン・フォア・オール、オール・フォア・ワンというラグビーの言葉を知っているのか。トライをする毎に飛び上がって喜ぶバカは、こういう言葉をコトバとして知っていても、本当の意味を理解していない無知なヤッだ！　点が入るたびに喜び叫ぶのは選手ではない！　観衆だ！

我が久我山ラグビーの選手諸君に、ハッキリと言っておく。これから始まる全国大会で、二回戦や三回戦で勝ったからといって、大騒ぎするな！　当たり前の顔で引きあげて来い。選手が、監督が、心の底から喜びや悲しみや悔しさを表わすのは最終戦の終わった時だけだ！　我が久我山のラグビーにとっては、この最終戦は、一月七日でなければならないのだ！　一月七日の試合が終わったら、叫べ、わめけ、怒鳴れ、歌え、踊れ、何でもやれ！　一月の、一日や三日や五日が最終戦になってはならないのだ！　久我山ラグビーに与えられた使命だ！

「OB通信」第一〇一号（一九九一年十二月）

二回目の準優勝

昭和六十一年度、全国優勝して以来、六十二、六十三年度予選落ち、六十四年（平成元年）度ベスト8（それも勝って当然、勝たなければならない試合に負けるという屈辱）、そして平成二年度予選落ちと、五年目にして、やっと、久我山健在なり、と知らしむることができた？　しかし、持てる力を出し切らずに負けるということは屈辱である。倒れても、肩が折れても、蹴られても、踏まれても、なお向かっていく。命懸けで、精根尽き果てるまで、精神力と体力とのすべてを出し尽くして戦う姿に人々は感動するのだ。その点で決勝戦の久我山は誉められない。同じ準優勝でも、十三年前、昭和五十四年度、第59回大会（土屋謙太郎先生が三年生）の時は全く違う。弱い弱いと言われながら、必死の思いで勝ち上がったのだ。準々決勝の伏見工戦など、今を時めく大八木が相手だ。１９２㎝の大八木に対して、我が方は１７７㎝68㎏のロックが、死に物狂いでかかっていき、これをやっつけたのだ。準決勝の大工大戦だって、絶対に勝てる要素の無い試合を、必死になって戦い、ついに抽選で勝ってしまったのだ。そして決勝では、一年中八幡山で、負けっぱなしで過ごした目黒を、この一回だけでいいんだ、一〇〇回負けてもこの一戦にさえ勝てばいいんだと、死に物狂いで戦ったのだ。持てる力の倍ぐらいの力を出し切って戦った試合は、見ていればわかるんだ。しかし久我山も、浜野監督になって初めての決勝戦だ。来年こそ、何とかしなければならない。浜野久我山のデビューである。皆さん、来年も正月は空けておいて下さい。

「ＯＢ通信」第一〇二号（一九九二年二月）

ＯＢ通信製本す

ＯＢ通信の第一号は昭和四十九年の二月十四日に発行されています。以後十八年間、私のこのキタナイ字で、合間、合間のナグリ書きで、誤字脱字、コトバ使いはメチャクチャ、話しコトバに文章語。何もかもがゴチャゴチャでメチャクチャで。使ってはいけないような言葉、コノヤローだのバカヤローだのと、思いつくままに、下書きなしの訂正なし。一回の休刊もなく十八年間、第一〇二号、よく書いてきたものです。これを製本したら、いったいいくらでできるものか。まあ皆さん、一冊記念に買っておいて下さい。会費も今では年間３５０万円前後の金が動いているハズです。これはすでに私の手を離れて、会計係の方でしっかりとやっております。監督も浜野昭夫に代わって、何とか動き出したようです。次はこのＯＢ通信です。これも、いつまでも私一人が書いている訳にもいかないでしょう。ＯＢ通信発行のための委員会を作って、ここ二、三年の内に何とか私の手から離したいと思っています。時代は流れていきます。久我山ラグビーも中村誠が創り育てた。これからは、浜野昭夫を中心に、更に大きく育て、日本の高校ラグビー界に確固たる位置づけをしておかなければなりません。以前から言っている通り、目黒をぬいて、六回の全国制覇と、台湾遠征、ＮＺ遠征、韓国遠征、イングランド遠征、オーストラリア遠征、そしてウェールズ遠征だ！　この夏、韓国に遠征する。残るは二つだ。あと二回の全国制覇とウェールズ遠征だ！　ジャパンではない、この久我山を引き連れての遠征だ。私がこの久我山にいるのもあと十年。その間に、これだけのコトをやったなら我がラグビー人生も完結である。久我山ラグビーに栄光あれ！

「OB通信」第一〇二号（一九九二年二月）

第三回海外遠征（一九九二）韓国

ソウルへ向かう

高体連より競技八種目の一つとして、本校はラグビーの代表として韓国遠征の指名を受けました。八月二十四日、新宿駅に集合し成田発十一時の便で一路ソウルへ向かう。わずか二時間でソウル国際空港着、バスに分乗し一路光州直轄市へ向かい、空港からソウル市内を通過するのに、オリンピック以来続いていると言われる道路、ビル建設工事のため一時間以上かかる。高速道路に入ってからは、平均120km／hのスピードでとばして、六時間でやっと無等山温泉観光ホテルに着いた。

試合

八月二十五日、第一戦は全韓国のチャンピオンチームである富川晴高と対戦、25対19で勝利。第二戦は八月二十八日、光州地区代表の全南高と対戦、22対15と二戦して二勝することができた。

韓国チームは両方とも当たりが強く、FWの突っ込みが激しく、タックルも強いが当たりが直線的で、また、倒れ込みも多く、日本での試合なら、多くの反則をとられると思われる。バックスのディフェンスはただ当たってくるだけで、組織としてのディフェンスが全然無いように見えた。FBの参加、飛ばしパス、ループなどの攻撃で、容易に裏に出てしまう場面が多く見られた。我が方のトライはすべてバックスで取ったことでも理解できるように、バックスに力の差があった。国際ルールということもあったが、水溜りのある芝生のグランドで、日光の暑さと地面からの熱気で蒸し風呂のような中、革ボールが滑って手につかず、選手は大変苦労したようだ。FWは、走り負け、当たり負けという点もあったが、大事な場面では、ボールが取れたし、昨年までの日本チームにない二戦二勝という記録が残せたことは、何よりの収穫であった。今後は暑さに対する策を考える必要があると感じた。

宿舎

光州市内から離れた無等山という山の中腹にある観光温泉ホテルである。市内にもホテルはあるが、光州地区で一番上等なホテルということであった。我々日本人の感覚から言えば、24時間自由に入れるデカい風呂場があり、設備なども充分に揃った一流ホテルと思いたいのだが、そんなものは全くなかった。部屋は、二種類あって、一つはベッドの入った洋式の部屋、もう一種類は、韓国式の板張りの床であった。我々はここに五日間閉じ込められたのだが、それでも三日目ぐらいになると、この床でも何とも感じなくなり平気で寝られるようになった。

この遠征で感じたこと

過去のラグビーでの海外遠征は、すべて民泊であった。民泊をするとその家族と話をするし、その家庭の中を経験することができるし、「庶民の生活」に直に接することができるのだ。今回の遠征は、民泊は一回もなく、六泊ともすべてホテルであったので、一般庶民の生活に接することは全くなかった。町には英語が全くなく、漢字も全くない。韓国のラグビー関係者にその点を尋ねると、教科書も新聞も、すべて漢字を使わず、ハングル文字を使うよう国の方針として定めてあるのだ、と言う。中国、韓国、日本は漢字の文化圏ではないのか。私も過去色々な国を歩いてきたが、この国のように日本車が全く見られない国は他になかった。一部の大人達には日本人に対しての反感のような意識が、表面には出さないが、あるように感ずる。しかし若者達は明るい。通訳として付いてくれたソウル外国語大学の学生と一緒になって、笑い、しゃべっている姿からは、偏見とか反感などといったものは微塵も感じられなかった。今も世界のあちこちで、民族間の紛争が絶えない。お互いに生活習慣や、歴史や、宗教などの異なる隣国同志が仲良くするということは、大変難しいことではあるが、大切なことは人間の交流である。特に若者達が、スポーツや、芸術や、色々の事を通して交流する、そこからお互いの理解が生まれて来ることであろう。今後、ますます各国とのスポーツ交流は盛んになるであろうし、そうしなければならない。我が久我山ラグビーの次の遠征はカナダかウェールズにしたい。自然の美しいカナダ、そして、ラグビーを国技として扱うウェールズへ。いつの日か、世界中のラグビーのクラブハウスに久我山ラグビーのミニジャージーが、飾られる日が来ることを願って終わりとします。

創部五〇周年記念誌『燃え続けて。』

北島忠治先生を偲ぶ

昭和四十年頃からだったろうか、梅木恒明率いる目黒高校と喧嘩腰の試合を続けていた。毎週土曜日・日曜日・祝祭日・春休み・夏休みには毎日、朝の八時頃から日の暮れるまで、三十年以上も八幡山通いをして来た私としては、八幡山＝北島忠治＝明大ラグビーである。明治大学の練習は二時ごろから始まる。しかし北島先生は、朝からグランドに顔を出される。指令塔の真中にデンと座り、何も言わずに久我山―目黒の試合をジッと見て居る。私などが挨拶に、塔の上に行き、横に座ると、「あの選手は昨年よりタックルが良くなったネ」などと、明治大学の選手でもない、久我山の選手の一人一人の昨年の状態までも記憶しているのだ。記憶力の良さには驚かされることがたびたびあった。春三月、明大ラグビーでは新人だけの合宿がある。二十名前後の新人の出身校と名前を覚えるのは、大勢のＯＢやコーチ連中より北島先生が一番早いのである。

秋になり、ラグビーシーズンが深まると、新聞記者や、カメラマン等、沢山の人たちが先生の周りに集まって来る。先生のお宅でお茶をご馳走になりながら色々な話題が出るなかで、ＯＢ達の話になると、昭和何年は、キャプテンが誰でメンバーは誰々とスラスラと出てくるのだ。それが、五十年以上の監督生活の、どの年度の話でもスラスラと名前が出てくるのには何とも驚きである。

先生の楽しみの一つにOB連中と卓を囲む麻雀があった。メンバーが不足してお手伝いをさせていただいたことも度々あった。賽を振り、十三枚並んだ牌の七番目、八番目を数えもせずにパッと取るのだ。自分の牌を色別に、順番に並べることも決してしない。誰が上がっても点数は即座に出て来る。これが八十歳を越えた老人かなと改めて考えさせられてしまうことがしばしばあった。

何年か前、先生がまだグランドに姿を見せておいでの頃、指令塔の上で、久我山の練習を見ながら「おい、ラグビーはフォワードだよ」と言われた言葉が、私が聴いた先生の最後の言葉だった。

「前へ！」の言葉に象徴される明大ラグビーは、世の中に広く紹介されているが、私などが生意気に言えることではないが、やりたいことを、やりたいだけやった、思いのままに生きた悔いのない人生であったのではないだろうか。「早稲田に勝ち越せ！」の言葉を胸に秘めた明大選手の活躍によって、早明戦がますます熱の入った戦いとなり、ひいては日本ラグビーの発展に繋がることを期待して、先生のご冥福をお祈りする次第である。

国学院大学久我山中学高等学校「校報」（一九九六年七月十九日号）

大学ラグビー部監督

平成十四（二〇〇二）年　久我山中学高等学校定年退職。國學院大學ラグビー部監督就任
平成二十（二〇〇八）年　総監督に就任。関東大学リーグ戦3部優勝、2部昇格
平成二十二（二〇一〇）年　國學院大學ラグビー部総監督を退任

アーカイブ

――「OB通信」、国学院大学報、挨拶状

国学院大学ラグビー部

国大がもっと強ければいいんだ。早慶明と対等に……とはいかなくとも、せめて、その次ぐらいに。リーグ戦ならば、一部リーグのせめて法政、中央、専修、大東あたりの次ぐらいに……。それ等のチームと試合ができるくらいになってこなければつまらない。国学院大学が、国立競技場や秩父宮ラグビー場で、観衆を集めて試合をやるようなチームになれば、久我山卒の選手達が、わざわざ他大学に行かないで国大に進めばよいのだ。今の国大では、とてもそんなわけにはいかないよ。ラグビーに志を立てる者は、他大学へ行かざるをえない。国大ラグビーよ、しっかりやってくれよ。レクリエーション・ラグビーならば、ラグビー同好会とか、愛好会とかに名前を変えたらどうだ！「体育会ラグビー部」ならば、それらしくやってもらいたいよ。同じ法人の中にいて、情けないよ。頭が固いのではないか。モノを考える、何かをやるには、あらゆる角度からものを見る、柔軟な頭を持ったヤツがいなければできない。そういうヤツがいないのではないか？　いずれにしろ、久我山だけではなく、全国の高校ラグビー選手が、ぜひ国学院大学に進んでラグビーを続けたい、と思うようになってほしい……。無理な望みかな？

「OB通信」第九十四号（一九九〇年四月）

国学院スポーツに思いを寄せる

昭和三十四年四月、私が国学院久我山高校の教員となって以来四十年の歳月が経ちました。この間ただ一念に「ラグビー部を強くしたい」の思いでガムシャラにつっ走って来たように思います。今は平成十二年秋です、久我山高校ラグビー部も「名門」と言われるチームに育ち、ラグビー界に止まらず日本全国に国学院久我山の名を広めることができたように思います。

私が全国の高校・中学の先生方、ラグビー関係者などとの係わりの中で、たびたび話題になることがあります。それは国学院大学の運営に対する考え方です。付属である久我山高校、栃木高校がラグビー・野球を始め各種運動部が全国的に高いレベルで活躍し、多くの卒業生が各大学や、企業や、プロで活躍している現実に対して、国学院大学は、何も言わないのか、何も考えないのか、価値のないことと思うのか、国学院大学の経営にとっては全く意味のないことと考えているのだろうか、という点に関してです。

ラグビーを通して直接的に見た時、付属である久我山高が一流である、また付属である栃木高校が全国大会常連校である、両校の卒業生は各大学で活躍している、であるのに比べ、大元であるはずの国学院大学のラグビーは何とリーグ戦四部である。久我山高や栃木高の卒業生は早稲田・慶応を筆頭に有名私立大学へ進学して行くことに対して、国学院大学からは、何も言われない、声もかからない、相談も無いのが現実です。特に栃木高に関しては、国学院大学への進学を希望しても入れないと聴きます。

これ等のことを考えた時、国学院大学では、スポーツが強いとか、勝つなどということは、学園にとって意味の無いこと、経営にとって価値の無いことと考えているとしか思えません。

たしかに、柔道・野球・陸上については強化指定クラブとなっているようですが、今回のシドニーオリンピックに国学院関係の柔道代表者が居たか、東都大学野球で国学院の名が出て来るか。

国学院スポーツを考えた時、何とも歯痒い思いをいだくのは私だけではないはずです。

國學院久我山中学高等学校退職の御挨拶

OB、父母及び関係各方面の皆様へ

国学院大学報（二〇〇〇年）

昭和三十四年四月就職以来四十三年間、長いような短いような年月でした。

日体大を卒業すると教員に成るのが当然のように、深い考えもなく教員になっておりました。キタナイ字で下手な履歴書を一通提出したように思いますが、当時の学校長佐々木周二先生の面接などをしていただいた記憶がありません。今のように、書類選考だ、作文だ、面接だと難しい選考過程があれば「学業成績優秀」には程遠かった私などは、即座に振るい落とされていただろうと思います。

教員になってからの私は、当時の生徒と一緒になって泥まみれになって走り回ることが、自分にできるただひとつのことでした。そのうちに、大会に出場し、試合をするたびにコテンコテンに負ける久我山ラグビーを、何とかしなければならないと、毎日五～六人しか練習に出てこない部員に話をして、口説いて、脅かして（当時の部員は、喧嘩、恐喝、など悪い奴がたくさんいました。）人数を集めて、勝つ楽しさ、目標に向かって努力する喜び、努力した（と自分では思っている）のに負ける悔しさ、等等を知らしめるのに大変な時間がかかりました。

昭和三十九年度（井本（横尾）隆輔以下三年生四名）関東大会（甲府）に初出場。昭和四十四年度（主将千葉佑二他三年生十八名）第49回全国大会に初出場、迄に十年かかりました。全国大会などという大会は、我々には関係のない人達が、関係のない所でやっているものだと思っていた、その大会に、遂に出場してしまったわけです。大会は、右も左もわからぬうちに終わっておりました。しかし、次の年からは、ただ出場するだけでなく、「勝ってやろう」と考えるようになりました。秋田工業は、何故十五回も優勝しているのだろう、それならば秋工に行ってみようと考え、昭和五十年前後、夏休みを利用して五年ほど秋工通いをしました。昭和五十年度（主将日下稔以下三年生十四名）第55回大会に初優勝。以来、出場二十七回。優勝五回。準優勝二回。ベスト4五回（以上メダル獲得）。ベスト8八回。現在、高校ラグビー界で久我山高校と言えば「名門」とまで言われるようになりました。

この四十三年間、ただただ「久我山ラグビーを強くしたい」の一念で、ガムシャラに突っ走って来たように思います。私の我がままのために、周囲の人々に随分とご迷惑をお掛けしたことと思います。「久我山ラグビーを強くしたい」の一念に免じて、どうぞお許し頂くようお願いいたします。

平成十四年二月　中村誠

國學院大學ラグビー部監督就任の御挨拶

私は平成十四年四月から、國學院大學ラグビー部の監督に就任いたします。いまさら何ができるのか、とお思いの方も当然いると思いますが、ヘッドコーチに佐藤豪一（久我山三十九期）、コーチに高橋一聡（久我山四十一期）、亀田滋（久我山四十一期）等を迎え、現監督の大澤弘一（久我山二十六期）を中心とした國學院大學OB達の協力も得て、宇梶輝良理事長の期待にそうべく、事務局長坂口吉一理事、ラグビー部長花堂靖仁教授、等等の後押しのもと、國學院大學のラグビーを四部→三部→二部→一部に引き上げて、大学選手権を争えるようなチームにするのです。そして全國學院の総監督として、國學院久我山、國學院栃木を包含した、オール國學院にラグビー王国を創るのです。

昨年の夏、大学から話をいただいて以来いろいろと考えてみましたが、人生最後の十年間を國學院ラグビーに打ち込んでみよう、という「覚悟」がやっと固まって来ました。二度目の青春です、私にとっては二度目の人生が始まろうとしているわけでありますが、久我山高校における第一の人生に、三月末を以って、一応ピリオドを打つことになります。関係各方面の皆々様、ありがとうございました。心からお礼申し上げます。

そして、國學院大學を中心に、久我山高校、栃木高校を含めて、オール國學院のラグビーに対して、種々ご支援いただきますよう衷心よりお願い申し上げます。

平成十四年二月　中村誠

昌平高校ラグビー部総監督〜現在

平成二十二（二〇一〇）年　昌平中学・高等学校ラグビー部総監督に就任
平成二十五（二〇一三）年　第93回全国大会埼玉県予選でベスト8
平成二十六（二〇一四）年　第94回全国大会埼玉県大会で準優勝
平成二十七（二〇一五）年　第95回全国大会埼玉県予選でベスト8
平成二十八（二〇一六）年　第96回全国大会埼玉県予選でベスト8
平成二十九（二〇一七）年　第97回全国大会に初出場。二回戦進出

今も活きる技術

昌平高校の御代田《みよた》監督は外国人コーチが好きで、よく外国人コーチを連れて来るんです。ニュージーランドだとかオーストラリアだとかの。今はオーストラリアのキース・デイビ

スっていうコーチがときどき来てくれているんですけど、この人の練習を見ていると、もう柔道の寝技です。一人がバンと倒れて、その上にもう一人がダンと倒れ込んで、そいつを跳ねのけて起きろ！　なんてやらせている。柔道の抑え込み、寝技と一緒なんです。それで、今の選手たちがどうするか見ていると、何にもできません（笑）。ただ、うー、うーって唸っているだけ。柔道をやったことがあれば出来るんですよ、体のこなしとか、手足の使い方とかが。だから、久我山の選手たちに柔道をやらせたことは、けっして無駄ではなかったなあと思うんですよね。

骨接ぎ屋（柔道整復師）の免許を取ったことも、今も役に立っていますね。昌平に行っていて、誰か怪我をしたらすぐに見てあげられる。サッカー部のコーチが、生徒が怪我したから来てくれ、なんて呼びに来たりするんですよ。

話を聞く態度

昌平のラグビーを強くしようと思って、あちこちの中学やラグビースクールへ行ったりしています。そこでいろいろと見ていると、地域や学校によって、レベルが高い低いっていうことをよく感じます。話を聞く態度です。この生徒、ちゃんと話を聞いているのかなと、そういうことを感じるんです。都立の青山高校なんかは結構レベルが高いですね。その青山のラグビーを指導していた諫見（達一、三十八期）っていう久我山のＯＢが、生徒を昌平に連れて来て、何回か試合をしたことがあるんです。ここの生徒なんかは、試合が終わって身体は疲れていても、ちゃんと目はこっちを向いている。ちゃんと聞いているっていうのが分かる。そうするとやっぱり、こちらも真剣に話をします。こいつらわりとレベルの高いヤツラだなと感じるんです。

ＯＢとして

久我山高校について言うと、学校そのものがレベルアップして、生徒も優秀になって、先生はそういう学校の組織の中の一人として、優秀な生徒を育てていかなければいけないわけです。ラグビーもそういう中でのラグビー。私は久我山を離れてもう十五年も経っているわけですから、口を出すようなことはありません。ＯＢとして、ＯＢ会の顧問の立場でラグビー部の試合を見に行くんです。試合を見てたまには、ゴールキックの2点というのはどれほど大事なことか分かってるのか！　なんて、ゴールキックの練習をもっとやらせろ！　なんて監督やコーチに言ってみることもありますよ。そうすると、分かりました、なんて返事くれる。その後、指導があったのか、無かったのか？　その程度です。

目黒・トンガ

さっき言ったように、今は昌平高校をなんとか強くしようと思って、あちこちのラグビースクールや中学生の先生たちと接触しているんです。話を聞いてみると、久我山に行きたいっていう中学生はいっぱいいるんですよ。アイツいい選手だけど、どうなんだろうっていう子が。久我山に行きたいけど入れない。それが多い。どこの高校に行くかというと、まず桐蔭です。桐蔭は生徒数がものすごく多くて、上の方は勉強のレベルも高いけど、下の方は……。ね。それから東京高校とか。最近は早実。ただ早実は勉強のレベルは高い。目黒に行きたいっていう中学生はあんまり聞かないですね。今、目黒が強い理由は、何といってもあの外国人でしょう。出場しているだけで六人いて、控えにもまだ二、三人いるんですから、もう目黒・トンガですよ。高校入学だと二人しか試合に出られないからって、中学に入れるんですよ。授業はどうしているんだって聞くと、教室は別にして勉強やらせているんだ、と。

まあしかし、今は日本の国自体が、単一民族、単一国家なんて言ってられないでしょう。

労働力が足りないからって、いろんな国の人間を連れて来たりする。野球だったら、日本人がアメリカに行って、外国人がいっぱい日本に来たりする。陸上は外国人の二世みたいな選手が何人もいる。相撲の世界なんて上の方はみんな外国人じゃないですか。だからラグビーの世界だってこれからは、トンガが多くてだめだとか、そういうことを言ってられないでしょう。

世界がごちゃ混ぜ

昌平のラグビー部にだって三人もいるんですよ、三人とも母親が日本人。父親がニュージーランド、一人はイングランドかな。三人ともずっと日本で育ってきて、日本語も英語もしゃべります。もう世界が、いわゆるグローバル化だなんていって、ごちゃ混ぜになっていく。これからの世界は、人間がごちゃ混ぜになって行くんだな〜と感じます。

昔、日本の国の中が各藩で喧嘩していて、明治維新で国が一つになったと思ったら、今度は国と国とで戦争をして。これからはそういうことがだんだん無くなって、世界が一つになって、次は、宇宙のどこかよその星と喧嘩するのかどうか、知らないですよ。でも、やがては世界がごちゃ混ぜになって、地球国家になっていくんでしょう。そうすると、ラグビーだって、日本人だけでなんとかしようなんてことは言ってられなくなりますよね。目黒みたいに高校のチームで六人もトンガが入っていたら、対戦するチームとしては、そりゃあ面白くないですよ。だけど、それが駄目だって言ってられなくなるでしょうね。

言葉は、まあ英語ですかねえ。日本語が世界共通語となることはないでしょう。今だって社会人になって英語がしゃべれないとだめですからね。本を読んでいると、最近の本はちょくちょく横文字が出てくるじゃないですか。私なんか、いちいち辞書を引いたりして、本を読むのも大変ですよ（笑）。

4 未来へ託す想い

スポーツの将来

私は高校ラグビーが一番面白いと思っているんですけど、大学や日本代表のことを考えると、外国のトップチームにはなかなか追いつかないですね。それからスーパーラグビーのサンウルブズ。二年目のチームでしたが、40点も50点も開けられて負けることがあるでしょう。今年は二つしか勝っていない。日本人が、たとえば、身長でいったら170cmの人間がいっぱいいる中でたまに190cmっていう人がぽっと出て来る、そういう人を集めてきてラグビーの選手にする。だけど外国はそうじゃない。デカイのが沢山いる、その中から選りすぐっていくから、もう基が違うような気がして。だから今、ジャパンだって外国人だったり、ハーフみたいな選手がいっぱい出ているでしょう。だけど、彼らだってなかなか通用しない。

日本の歴史を考えてみると、昔は藩閥制度で各藩が日本の中で喧嘩してきたでしょう。それがやっと統一されて、明治維新がきてやっと統一国家になった。そうしたら外国と戦争をして、負けて。日露戦争にしたってあんなの勝ったって言えるかどうか。そして今は経済的な問題もあって、外国人がたくさん日本に入ってきています。だから今は、学校にだって純粋な日本人じゃない、要するに血の混ざった人間がいっぱいいるんですよ。生徒の中に。今に、どんどんごちゃ混ぜになっていくんじゃないですかね。世界がね。ヨーロッパなんてだんだんと一つになってきているでしょう。いずれロシアを中心とするグループと、アメリカを中心とするグループと、世界が二つになっちゃうんじゃないかなあ。

スポーツ界なんてすでに、名前が半分横文字の人が何人もいるでしょう、日本のトップの選手に。陸上のケンブリッジ飛鳥とか。野球のダルビッシュ有とか。相撲だってそうだし、陸上も、野球も、ラグビーもみんなそう。いろんな国の人間が入ってきて、ごちゃ混ぜになって、だんだんと変わってきているでしょう。そういう中から素質の凄い人間が出てくるのかどうか。それも時代の流れと言うか、世の中の流れと言うか。

半分日本人

久我山が初めてニュージーランド遠征をしたのは一九八四年、三十年以上も前です。その頃はまだ、高等学校の単独チームが海外遠征をするなんていうのは、大変なことだったんですよ。私はコバチュウさん（小林忠郎、当時日本ラグビー協会理事・事務局長）のところに何回も通って、いろいろと相談して、やっとの思いで遠征をしたんですよ。それが今ではもう、日本中のあちこちの高等学校が、夏合宿はニュージーランドでやるとか、カナダでやるとか、そういう学校がいっぱいあるじゃないですか。海外との交流もやりやすくなっていますよね。日本の経済的な豊かさっていうものの変化も関係しているんでしょう。それから交通の便ですね。海外との交流がどんどん盛んになっています。

それはラグビーに限らず、今は高等学校でも夏休みとか春休みを利用して、海外語学研修なんていうことで、二週間、三週間とたくさんの生徒が海外に行くじゃないですか。逆に海外からは日本の高等学校に来て、一～二週間ぐらいホームステイして。人間の交流が盛んになっている。スポーツの世界だって交流が盛んになっていって、半分日本人っていうような、だんだん世界的に人種がごちゃごちゃになっていくんじゃないですか。それで、選手のレベルが上がっていくのかどうか。優秀な人はうんと優秀なんですよ。だけど半分外国人の能力を受け継いだからといって、全部が全部スポーツ優秀かどうかは分からない。

素質

ラグビーはやっぱり格闘競技ですからね。向いている素質、精神的・肉体的な素質ですね、そういうものはありますよ。体が小さくて足が遅くて不器用だったら、やっぱりラグビーの選手としてはものにならない。体がでっかくて足が速くて動きが早いっていったら、これはラグビーの選手向きです。そういう素質的な問題は重要です。一人一人、素質がいろいろ違いますから、全部が全部いい選手になるっていうのは、これは難しいでしょう。勉強だって、向いている素質があるんですよ。久我山のラグビー部から今年、二人も東大に入っていますけど、それは勉強の素質がある生徒ですよ。東大なんて、勉強の素質のない人がいくら勉強したって、十年かかったって入れません。東大に入るだけの勉強の素質がある、そういう生徒がちゃんと勉強を教わって、自分で勉強をする。それと同じように、ラグビーの選手としての素質がある生徒が、いかにたくさん集まってくるか、それでそのチームが強くなるかどうかが決まってくると思うんですよ。素質のある人間が訓練を積むから、それだけの成果が出てくるんだと思います。

もっとスポーツ振興を！

私が久我山の高校生を直接指導していたのはもう昔で、それからは世の中も変わっているし、久我山高校、久我山学園が、どんどん変わってきていますね。勉強のレベルも上がっている。だから今ちょっと心配なのは、生徒の入学のことですね。今は久我山の中学が強いラグビー部を維持しているから、高校のラグビー部も、なんとか全国レベルを維持できているんです。今、久我山高校はなかなか入試が難しいでしょう。ラグビー推薦があっても、中学での成績が高くないと入れない。だからラグビーの優秀な選手がいても、皆、他高校に行っちゃう。部員名簿を見てみると、今の生徒は半分以上が久我山中学出身です。つまり久我山の中学が弱くなったら、久我山高校がすぐ弱くなってしまうと思うんですよ。それが大変心配です。

東大に六人入ったとか、早稲田に八十人とか、慶應が五十人だとか、学校全体の進学率が良くなって、それは大いに結構ですよ。ラグビー部だって今年卒業した生徒は、東大が二人、長崎大学と岩手大学で医学部が二人。それに明治が三人、慶応が三人、早稲田五人です。いわゆる進学校といわれる学校の進学率と同じくらいです。すごくレベル高いんですよ。それはそれで大いに結構、優秀な学校になるっていうことは大いに結構なんですけどね、私としては、やっぱりラグビーで生きてきましたから、スポーツ振興も忘れないでほしいんですよ。野球部は甲子園に、二〇一一年の選抜大会で出たきりでしょう。サッカーは三年前に全国大会の決勝に進んで、卒業生は皆喜んだんですけど、そのあとが続かないでしょう。ラグビーだけは、なんとか花園出場のレベルを維持している。けれども、全国優勝からはもう二十年も遠ざかっている。少なくとも、花園出場のレベルは維持してほしいんですよ。二千人の生徒がいれば二千の人生があるんですから。

私も八十一歳になってしまいました。人生もう終わりに近いんですけれど。自分の人生を振り返ってみて、十二歳で小学校を卒業してから中学・高校の六年間は久我山の生徒で、その後、六十五歳の定年まで四十三年間は久我山の教員ですから、人生のほとんどは久我山ですよ。だから、久我山高校、おおいに発展してもらいたいし、その中でやはり、何度も言いますけど、スポーツ振興も忘れないでほしいんですよ。

おわりに

私ももう八十一歳です。振り返ってみると、ラグビーラグビーの毎日で、日曜も休日も朝から晩まで家にはおらず、夏休みはズーッと菅平で、ろくに家にいなかった。暮れから正月も家にいたことがない。自分の子供達が小学校、中学校と上がっていく段階で、育ち盛りの、いろんな事を考える時期に、そして高等学校になって将来の事を考える、その成長の時期に、私は息子達に関わってやることができませんでした。全部、女房に任せっきりで。そういう点では、女房と息子達には、本当に申しわけない気持ちがあります。

息子達はラグビーをやりませんでした。女房は、ラグビーなんて危険なスポーツだと思っていたかもしれませんが、私は一切口を出しませんでした。

久我山のOB達がグランドに息子を連れて来るのを見て、息子がラグビーをやりだしたなんていう話を聞くと、うらやましく思うこともあります。全国のラグビー指導者の先生方の中には、息子さんが自分の後継ぎとして先生をやっている人もいます。息子が同じ道を歩んでくれたら、親としては楽しいし、嬉しいでしょう。だけど人生はそれぞれです。息子達が私と異なる人生を歩んでいても、人に迷惑をかけないで、ちゃんと仕事をして、キチンとした生活をしていられれば、親としてはもうそれ以上のことはありません。それぞれの人生ですから。

後は、自分の死後、借金を残してしまうとか、死んでも墓が無いとか、そういうことにならないように、ちゃんとしておこうと思っています。だから、久我山のＯＢが経営している鎌倉のお寺に墓を構えてあります。せめて、自分の人生の後始末ぐらいは、女房と息子達に迷惑をかけないようにしようと思って。

私のわがままを許してくれた、そして一所懸命に支えてくれた女房と息子達には、本当に感謝しています。

二〇一八年に久我山ラグビー部は創部七〇周年を迎えます。この本の出版は、七〇周年を記念する事業の一つとして、久我山ラグビー部ＯＢ会が計画してくれました。十八年間、私が書き綴ったＯＢ通信の原稿を元に、一冊の本に編集してくれました。本書の刊行にご尽力くださった皆様、特に40期・ＯＢ会広報の羽賀尚武君、㈱鉄筆の渡辺浩章氏に、心より御礼を申し上げます。

平成三十年一月

中村　誠

巻末資料

歴代記録

1948 年度　新制久我山高等学校設置、篠高一教諭のもとラグビー部創部。

1952 年度　國學院大學久我山中学校・高等学校に改称。

1959 年度　中村誠教諭がラグビー部監督に就任。

1964 年度　関東高校ラグビー大会に初出場、初戦敗退。

1965 年度　国体予選で初の決勝進出、保善に敗れる。

1966 年度　第 46 回全国高校ラグビーフットボール大会、東京都予選で初の決勝進出。決勝：久我山 14 － 19 保善

1969 年度　第 49 回全国高校大会に初出場、1 回戦敗退。東京都予選決勝：久我山 21 － 3 保善。全国大会 1 回戦：久我山 8 － 19 花園（京都）

1970 年度　第 50 回全国大会に出場、花園初勝利。3 回戦敗退。1 回戦：久我山 22 － 5 八幡工（滋賀）。2 回戦：久我山 25 － 11 倉吉工（鳥取）。3 回戦：久我山 0 － 41 盛岡工（岩手）

1971 年度　ラグビー部部歌制定。第 51 回全国大会に出場、ベスト 8。1 回戦：久我山 16 － 9 福岡工（福岡）。2 回戦：久我山 8 － 4 宮城水産（宮城）。準々決勝：久我山 16 － 18 日川（山梨）

1972 年度　第 52 回全国大会に出場、ベスト 4。1 回戦：久我山 26 － 12 広島工（広島）。2 回戦：久我山 24 － 7 福岡工（福岡）。準々決勝：久我山 21 － 7 天理（奈良）。準決勝：久我山 4 － 17 花園（京都）

1973 年度　東京都春季大会で初優勝。第 53 回全国大会に出場、1 回戦敗退。1 回戦：久我山 3 － 33 大分舞鶴（大分）

1974 年度　OB 通信の制作始まる。東京都春季大会で 2 年連続優勝。第 54 回全国大会に出場、ベスト 8。1 回戦：久我山 9 － 7 広島工（広島）。2 回戦：久我山 24 － 0 近大付（大阪第一）。準々決勝：久我山 7 － 23 花園（京都）

1975 年度　東京都春季大会で 3 年連続優勝。第 55 回全国大会で初優勝。1 回戦：久我山 18 － 3 天理（奈良）。2 回戦：久我山 34 － 0 大分舞鶴（大分）。準々決勝：久我山 30 － 9 関商工（岐阜）。準決勝：久我山 27 － 11 大工大高（大阪第一）。決勝：久我山 25 － 9 目黒（東京）

1976 年度　第 56 回全国大会に出場、ベスト 4。1 回戦：久我山 21 － 6 若狭農林（福井）。2 回戦：久我山 53 － 0 志摩（三重）。準々決勝：久我山 13 － 3 保善（東京第二）。準決勝：久我山 12 － 15 花園（京都）

1977 年度　第 57 回全国大会、東京都予選決勝で敗退。都予選決勝：久我山 6 － 9 早大学院（東京第二）

1978年度　初の海外遠征（台湾、2勝1敗1分）。第58回全国大会で優勝（2回目）。1回戦：久我山39 － 6花園（京都）。2回戦：久我山50 － 6西陵商（愛知）。準々決勝：久我山12 － 6秋田工（秋田）。準決勝：久我山32 － 0目黒（東京第二）。決勝：久我山40 － 6黒沢尻工業（岩手）

1979年度　第59回全国大会に出場、準優勝。1回戦：久我山24 － 4筑紫丘（福岡）。2回戦：久我山14 － 9天理（奈良）。準々決勝：久我山26 － 4伏見工（京都）。準決勝：久我山3 － 3大工大高（大阪第二）。決勝：久我山14 － 16目黒（東京第一）

1980年度　第60回全国大会、東京都予選準決勝で敗退。都予選準決勝：久我山8 － 12青山学院

1981年度　第61回全国大会に出場、2回戦敗退。1回戦：久我山10 － 9伏見工（京都）。2回戦：久我山4 － 9相模台工（神奈川）

1982年度　第62回全国大会で優勝（3回目）。2回戦：久我山34 － 3羽咋工（石川）。3回戦：久我山47 － 0高鍋（宮崎）。準々決勝：久我山22 － 13天理（奈良）。準決勝：久我山20 － 0秋田工（秋田）。決勝：久我山31 － 0目黒（東京第二）

1983年度　第63回全国大会に出場、ベスト8。1回戦：久我山32 － 3諫早農（長崎）。2回戦：久我山16 － 3興國（大阪第二）。準々決勝：久我山16 － 21大分舞鶴（大分）

1984年度　学校創立40周年記念NZ遠征敢行（3勝3敗）。第64回全国大会に出場、2回戦敗退。2回戦：久我山4 － 16報徳学園（兵庫）

1985年度　第65回全国大会、東京都予選決勝で敗退。都予選決勝：久我山0 － 13大東大一（東京第二）

1986年度　第66回全国大会で優勝（4回目）。2回戦：久我山13 － 8清水南（静岡）。3回戦：久我山45 － 0広島工（広島）。準々決勝：久我山15 － 6相模台工（神奈川）。準決勝：久我山21 － 0天理（奈良）。決勝：久我山22 － 6熊谷工業（埼玉）

1987年度　第67回全国大会、東京都予選決勝で敗退。都予選決勝：久我山6 － 19大東大一（東京第一）

1988年度　中村誠部長就任、浜野昭夫監督就任。第68回全国大会、都予選決勝で敗退。都予選決勝：久我山11 － 16大東大一（東京第二）

1989年度　第69回全国大会に出場、ベスト8。2回戦：久我山48 － 0津山工（岡山）。3回戦：久我山13 － 9柏原（大阪第二）。準々決勝：久我山10 － 11天理（奈良）

1990年度　第70回全国大会、東京都予選決勝で敗退。都予選決勝：久我山0 － 10早大学院（東京第一）

1991年度 第71回全国大会に出場、準優勝（2回目）。2回戦：久我山76－0砺波（富山）。3回戦：久我山38－12長崎北陽台（長崎）。準々決勝：久我山28－4東農大二（群馬）。準決勝：久我山28－14大工大高（大阪第二）。決勝：久我山8－28啓光学園（大阪第一）

1992年度 韓国遠征。第72回全国大会に出場、3回戦敗退。2回戦：久我山34－7岡谷工（長野）。3回戦：久我山12－20流経大柏（千葉）

1993年度 第73回全国大会に出場、ベスト4。2回戦：久我山46－0東海大一（静岡）。3回戦：久我山29－3江の川（島根）。準々決勝：久我山25－6流経大柏（千葉）。準決勝：久我山6－7相模台工（神奈川）

1994年度 カナダ遠征。第74回全国大会に出場、ベスト4。2回戦：久我山46－5佐賀工（佐賀）。3回戦：久我山15－13啓光学園（大阪第二）。準々決勝：久我山23－12花園（京都）。準決勝：久我山6－13相模台工（神奈川）

1995年度 第75回大会に出場、ベスト8。2回戦：久我山22－12大分舞鶴（大分）。3回戦：久我山47－15東福岡（福岡）。準々決勝：久我山7－51大工大高（大阪第一）

1996年度 第76回全国大会に出場、ベスト8。2回戦：久我山105－0四日市農芸（三重）。3回戦：久我山60－14盛岡工（岩手）。準々決勝：久我山8－16西陵商（愛知）

1997年度 第77回全国大会で優勝（5回目）。2回戦：久我山72－0延岡東（宮崎）。3回戦：久我山75－0日大山形（山形）。準々決勝：久我山51－14東農大二（群馬）。準決勝：久我山39－17報徳学園（兵庫）。決勝：久我山33－29伏見工（京都）

1998年度 創部50周年記念試合開催、記念誌『燃え続けて。』刊行。第78回全国大会に出場、ベスト8。2回戦：久我山38－5四日市農芸（三重）。3回戦：久我山19－7東海大仰星（大阪第三）。準々決勝：久我山15－24大工大高（大阪第二）

1999年度 第79回全国大会に出場、ベスト4。2回戦：久我山70－0新田（愛媛）。3回戦：久我山30－8東筑（福岡）。準々決勝：久我山14－12秋田工（秋田）。準決勝：久我山26－27埼工大深谷（埼玉）

2000年度 第80回全国大会に出場、2回戦敗退。2回戦：久我山24－36東福岡（福岡）

2001年度 第81回全国大会に出場、ベスト8。2回戦：久我山19－7長崎北陽台（長崎）。3回戦：久我山17－12天理（奈良）。準々決勝：久我山15－29東福岡（福岡）

2002年度 竹内伸光監督就任。第82回全国大会に出場、ベスト8。2回戦：

久我山 38 − 0 萩工（山口）。3 回戦：久我山 69 − 0 東海大翔洋（静岡）。準々決勝：久我山 10 − 15 伏見工（京都）

2003 年度　第 83 回全国大会に出場、3 回戦敗退。2 回戦：久我山 21 − 0 秋田（秋田）。3 回戦：久我山 31 − 38 佐賀工（佐賀）

2004 年度　第 84 回全国大会に出場、ベスト 8。2 回戦：久我山 43 − 5 法政二（神奈川）。3 回戦：久我山 31 − 5 京都成章（京都）。準々決勝：久我山 14 − 29 天理（奈良）

2005 年度　第 85 回全国大会に出場、3 回戦敗退。2 回戦：久我山 48 − 10 八幡工（滋賀）。3 回戦：久我山 7 − 38 東海大仰星（大阪第三）

2006 年度　第 86 回全国大会に出場、3 回戦敗退。2 回戦：久我山 26 − 17 江の川（島根）。3 回戦：久我山 12 − 14 長崎北（長崎）

2007 年度　第 87 回全国大会に出場、3 回戦敗退。2 回戦：久我山 10 − 5 四日市農芸（三重）。3 回戦：久我山 0 − 25 天理（奈良）

2008 年度　創部 60 周年記念 DVD 制作。第 88 回全国大会に出場、ベスト 8。2 回戦：久我山 17 − 12 深谷（埼玉）。3 回戦：久我山 41 − 5 大阪桐蔭（大阪第二）。準々決勝：久我山 8 − 17 東福岡（福岡）

2009 年度　第 89 回全国大会に出場、3 回戦敗退。2 回戦：久我山 10 − 7 西陵（愛知）。3 回戦：久我山 7 − 15 大阪朝鮮（大阪第三）

2010 年度　第 90 回全国大会に出場、ベスト 8。2 回戦：久我山 38 − 17 仙台育英（宮城）。3 回戦：久我山 21 − 0 慶應義塾（神奈川）。準々決勝：久我山 0 − 5 関西学院（兵庫）

2011 年度　第 91 回全国大会に出場、3 回戦敗退。2 回戦：久我山 7 − 3 清真学園（茨城）。3 回戦：久我山 7 − 14 佐賀工（佐賀）

2012 年度　第 92 回全国大会に出場、ベスト 4。2 回戦：久我山 21 − 17 大阪桐蔭（大阪第三）。3 回戦：久我山 29 − 11 報徳学園（兵庫）。準々決勝：久我山 29 − 12 石見智翠館（島根）。準決勝：久我山 0 − 57 常翔学園（大阪第一）

2013 年度　第 93 回全国大会、東京都予選決勝で敗退。都決勝戦：久我山 12 − 25 東京

2014 年度　第 94 回全国大会に出場、ベスト 8。2 回戦：久我山 44 − 0 日本航空石川（石川）。3 回戦：久我山 17 − 15 大阪桐蔭（大阪第三）。準々決勝：久我山 19 − 31 御所実（奈良）

2015 年度　第 95 回全国大会に出場、3 回戦敗退。2 回戦：久我山 35 − 7 静岡聖光学院（静岡）。3 回戦：久我山 7 − 13 関西学院（兵庫）

2016 年度　第 96 回全国大会、東京都予選決勝で同点優勝。抽選により明大中野が全国大会出場。都予選決勝：久我山 19 − 19 明大中野（東京第二）

2017年度　第97回全国大会に出場、ベスト8。2回戦：久我山48－14国学院栃木（栃木）。3回戦：久我山29－15佐賀工（佐賀）。準々決勝：久我山10－29大阪桐蔭（大阪第一）

OB 名簿

1期 (10名) 1950年(昭和25年) 卒業
榎本久、尾沢一彦、椎原貞二郎、鈴木育男、高村正孝、福光嘉郎、桃井光子郎、山下恵三、板橋芳男、藤田富男

2期 (15名) 1951年(昭和26年) 卒業
青木実、井沢修、市川広二郎、稲垣恵一、大久保義雄、岡田昭次、草野高明、佐藤淳二、杉山善雄、須田武雄、内藤信広、中村興春、松村淳、水野健樹、友田竜一

3期 (14名) 1952年(昭和27年) 卒業
飯島禎、石川勝敏、大久保忠夫、川合康則、小坂貞夫、小島一季、近藤稔、斉藤稔、佐々木薫、佐藤光輝、高橋実、中村猛、村井次男、桜井強

4期 (6名) 1953年(昭和28年) 卒業
大熊豊吉、大田健、田村寛、松本幸蔵、吉野泰司、浅見剛一

6期 (15名) 1955年(昭和30年) 卒業
岩見一良、榎本元一、岡崎正之、呉敬太郎、神保弘明、高岡隆、高橋敏雄、田麦恒雄、中村誠、向一夫、山田光夫、山部一雄、輪島清巳、佐藤春隆、久保礼治

7期 (6名) 1956年(昭和31年) 卒業
鈴木貫弐、坪崎信隆、中島秋雄、上杉孝雄、田井博石、高橋欣行

8期 (4名) 1957年(昭和32年) 卒業
熊谷高俊、鈴木輝司、永島有、山田勝弘

9期 (7名) 1958年(昭和33年) 卒業
柴田泰胤、鈴木章祥、高橋弘、冨田康央、松林邦郎、茂木豊幸、矢内一雄

10期 (6名) 1959年(昭和34年) 卒業
臼井修、門谷泰典、久保浩志、島田信隆、高林正廣、田付昌稔

11期 (8名) 1960年(昭和35年) 卒業
市原重久、小林義三、野村泰二、油井恒佳、渡辺誠、吉本宏、杉崎武、赤堀信樹

12期 (5名) 1961年(昭和36年) 卒業
池田英敏、伊勢弘志、上杉昭彦、清水輝紀、平野槇夫

13期 (7名) 1962年(昭和37年) 卒業
飯田雄三、大滝信夫、小板橋忠雄、寺沢久、仲田昌弘、早川和夫、松元秀雄

14期 (5名) 1963年(昭和38年) 卒業
奥住七郎、川上誠、滝沢儀意、大久保好基、小菅良二

15期 (7名) 1964年(昭和39年) 卒業

大沢章一、岡田垂穂、柏木研二、橘川仙次郎、高橋正典、横川清孝、岸田国夫

16 期（5 名） 1965 年（昭和 40 年） 卒業

井本隆輔（旧姓・横尾）、野宮和敏、長谷川格、矢島照正、花谷豊太郎

17 期（10 名） 1966 年（昭和 41 年） 卒業

伊佐光市、伊東克典、榎本光二（旧姓・和泉）、小松昭夫、小村裕助、佐々木政徳、高橋富男、村野勉、若林茂、飯尾肇

18 期（12 名） 1967 年（昭和 42 年） 卒業

井上正、大日方吉春、岡崎均、荻原光一、絹山実、清野繁行、香坂次郎、鈴木利一、辻幸親、西尾京司、飯尾勘一郎、柏木秀郎

19 期（9 名） 1968 年（昭和 43 年） 卒業

五百木道一、池田裕一、岡本一夫、栢森清志、岸敏夫、飛奈正一、平塚左千雄、福本雅、小田和史

20 期（6 名） 1969 年（昭和 44 年） 卒業

柏延明、加瀬久富、栗原功、杉田直行、高田秀樹、横山泰一

21 期（18 名） 1970 年（昭和 45 年） 卒業

浅井洋、新井正芳、石野信人、小野祐三、河西竜二、栗原幸雄、郡司直人、小美野和高、斎藤伸一、須藤正嗣、高橋敬治、高橋茂、高橋義之、千葉佑二、中田雅史、広瀬薫、吉松耕一郎、渡辺次郎

22 期（10 名） 1971 年（昭和 46 年） 卒業

石川謙一、石塚武生、和泉裕介、伊藤隆、覚張豊隆、柴田秀人、中武泰一郎、濱野昭夫、横地清人、臼井純一郎

23 期（8 名） 1972 年（昭和 47 年） 卒業

浅見貞夫、沖邦夫、小沢孝良、河内孝裕、佐藤和吉、瀬戸重喜、深野敏雄、吉田峰生

24 期（15 名） 1973 年（昭和 48 年） 卒業

井上康、岡田直敏、小倉徹雄、尾内能成、川久保清志、久保幸平、杉下義広、鈴木保行、田代学、西田直樹、守屋和巳、山口一英、山田大介、吉田実、吉松賢二

25 期（11 名） 1974 年（昭和 49 年） 卒業

石川勝、和泉智之、京峰武仁、栗原豊、坂本修（旧姓・山本）、菅田圭次、鈴木茂、月岡義行、松田政幸、吉岡章博、和田五朗

26 期（5 名） 1975 年（昭和 50 年） 卒業

石井稔、大沢弘一、斎藤隆生、田村有寛、西田保樹

27 期（14 名） 1976 年（昭和 51 年） 卒業

新井真一、遠藤淳一、岡正洋、菊池剛、鈴木利男、田村浩博、長沼龍太、日下稔、福田耕三、古谷康司、俣野慶一、三津義之、矢野誠一、和田哲

28 期（15 名） 1977 年（昭和 52 年） 卒業

相沢雅晴、安西武彦、臼倉健、内田修二、小岩井修、砂村光信、関田

薫、高橋貢、高村誠一郎、中尾伸巳、土方文雄、飛田達浩、日高健雄、星野信一、三田英正

29期 (10名) 1978年 (昭和53年) 卒業
井上賢和、川越恒和、後藤義明、小沼鯉太郎、佐々木薫、竹内伸光、中田清、中村嘉宏、湯坐純隆、大塚正明

30期 (23名) 1979年 (昭和54年) 卒業
相沢動太、榎本圭太、勝海弘久、金子吏志、金坂篤、河村年也、岸直彦、北川成一、小貫徹、古宮清隆、齋藤文哉、佐伯秀一、坂上耕一、佐藤仁志、高橋宏、田中雅史、野口隆弘、原田幸太郎、土方正実、古谷陽二、本城和彦、村松研二郎、立花和人

31期 (17名) 1980年 (昭和55年) 卒業
相原和也、池田剛、伊藤義孝、大島芳和、荻窪宏樹、小田大司、今野貴之、佐藤正、菅沼俊哉、田村誠、土屋謙太郎、中土井克、飛田圭三、平地敏行、美土路昭一、村上賢治、吉岡肇

32期 (8名) 1981年 (昭和56年) 卒業
新井純、大沢日出雄、岡村章弘、小林晴禎、鈴木嘉一、武山淳、豊島秀一朗、山田浩史

33期 (27名) 1982年 (昭和57年) 卒業
池田尚、石川茂、石塚克俊、市川達也、宇田川博利、梅沢潔、大塚智也、尾形仁、岡田洋、影山辰士、笹井剛、塩入英治、清水一芳、白幡徹 (旧姓・柳原)、田中優史、塚原康弘、仲前信也 (旧姓・木村)、平原潤、松原利博、皆川文宏、森山剛、安田享史、山川勇、山崎善也、山崎二晴、吉田太郎、山岸昇

34期 (29名) 1983年 (昭和58年) 卒業
相澤輝雄、青山孝彦、市村晃、伊藤多一、今井寛、上南俊一、大谷浩、大村賢次郎、北村慶、木下有二、熊久保勝巳、小林只由、駒谷健治、鈴木幹久、須田尚宏、当間浩司、西川育延、浜野彰、東末吉史、引間弘美、平地成美、松井慎太郎、丸本信之、宮崎賢二、村田淳、山田徹、芳村正徳、和田耕介、綿井浩介

35期 (31名) 1984年 (昭和59年) 卒業
合田敏光、諌見雅隆、井上淳孝、上田雄志、大岡泰正、大橋幸雄、小田桐団、粕川京太郎、加藤進一郎、岸原秀治、小浜直人、佐藤真悟、島孝之、白井博幸、関野君彦、田上秀樹、滝川永春、武井真剛、竹下公平、立花至徳、田中弘、中野光治郎、中村武久、久野彰也、藤本尚士、細田俊輔、松原雅春 (旧姓・佐藤)、丸茂英治、美川卓三、大和馨、渡辺文彦

36期 (26名) 1985年 (昭和60年) 卒業
雨宮純、安藤喜政、石井堅治、井上毅、内野晋、大久保徹、大峰義人、岡慎也、尾上研、児玉久、佐藤俊之 (旧姓・今井)、清水寛文、杉本治郎、杉本憲彦、角田聡、内藤文明、永井武義 (旧姓・森田)、沼田一政、

浜田洋光、林俊光、平野勝一、松本英男、山崎圭一、山本康二郎、涌井潤、和田浩嗣

37期 （56名） 1986年（昭和61年） 卒業
相場教充、浅野嘉章、雨宮一博、伊東和広、井吹充利、今村宏明、遠藤文寛、岡崎孝之、岡崎太、奥野能継、香椎康太郎、鏑木慎一郎、川辺敏行、河原一石、菊池隆、木下直人、木村慎、小林郁、小林紀晶、近藤剛、斎藤晃二、佐藤公治、三宮久直、清水克容、須賀孝弘、鈴木裕之、関屋建輔、瀬沼俊二、田川良太、辰已秀、田中一郎、津田繁、土屋慎次郎、角田岳人、鳥井修、中山綱一郎、長谷川隆、羽鳥桂太郎、久田純穂、平井雅朗、平田和広、福井充宏、福本和明、前田寛之、正井厚、松尾雄太、松原努、松本浩幸、宮河文太、村竹秀之、室川晴希、矢野直幸、山岸憲、山下裕、若杉要、渡辺毅朗

38期 （40名） 1987年（昭和62年） 卒業
明石哲也、阿部智、雨宮尚、諫見達一、石井勉、石沢浩、伊藤孝介、岩壁直樹、岡山直人（旧姓・佐伯）、笠井泰宏、片山貴之、金子俊哉、鴨井正、川名範明、川辺恭正、小林和也、駒形仁克、坂口亀一郎、佐口将孝、佐藤治、佐藤喜夫、佐藤文則、佐土原巧、佐山幸治、白樫康則、吹田博史、関俊修、多賀伸匡、戸塚康弘（旧姓・宮野）、鳥飼一史、直江恒洋、西岡隆、平井誠、福永博之、船橋一正、増田宏、松原正典、松本隆文、水野貴之、吉雄潤

39期 （33名） 1988年（昭和63年） 卒業
青木聡史、荒井良幸、安藤仁、牛込幸宏、岡本剛、小田博司、小野坂陽、可知幸次郎、岸本武史、北川泰之、木原一茂、久保健（旧姓・臼井）、暮地拓巳、小海健、小林宏治、是松毅、佐藤豪一、島田栄造、関口知成、高石賢治、高島和之、高取充、高橋和継、高橋真輝、田辺豪勇、南雲博之、播田実嘉明、平野善之、藤丸裕介、山道匠、山本顕輝、渡辺敦史、渡辺浩二

40期 （27名） 1989年（平成元年） 卒業
相田博尉、井上知聡、上田隆児、浦松昌史、荻島剛司、加藤寿岳、加藤憲行、木下敦裕、木村友昭、小出基、小西周、斎藤健、斉藤豪史、杉山隆太、鈴木徹、田中克紀、津田慎治、成田聡、羽賀尚武、丹羽恒彦、樋口知久、平石大、藤川正生、宮川健、柳瀬大吾、山野耕平、横山一郎

41期 （24名） 1990年（平成2年） 卒業
青柳真輔、有馬元、池田誠一郎、石橋信一、伊藤孝浩、生方明夫、小川聡、小川雅範、亀田滋、草野健朗、倉谷英行、酒元啓太、高島章、高橋一聡、高橋慎一郎、立石経雄、永岡三喜男、西村匡由、二宮淳、東山浩一、三宅功馬、村瀬弘人、安沢大輔、吉田純

42期 （24名） 1991年（平成3年） 卒業
秋山隆之、天野義久、五十嵐英樹、池田功、石塚和行、伊藤博章、井

上健太郎、小山雄一郎、佐野大典、下田大輔、宿谷学、杉林匡、杉本正行、鈴木律、高垣仁、谷口明彦、玉置一朗、中尾修、中村寛之、新納健太、藤倉暢啓（旧姓・藤井）、藤倉謙次、村田真一、横関秀樹

43 期（25 名） 1992 年（平成 4 年） 卒業
熱海圭一郎、石原弘章、岩崎恵介、亀ケ谷武臣、黒岩良仁、黒田洋司、鴻野真樹、小松信哉、笹島巌、進悦史、信野将人、高山盟司、玉記雷太、出牛衛、永里賢一、中島聖司、西村祐介、丹羽雅彦、見滝顕也、森宏之、柳下洋一、山本清彦、吉田晋、吉野政俊、和山達朗

44 期（28 名） 1993 年（平成 5 年） 卒業
井澤幹、伊藤一裕、岩崎功、岩本耕平、上田康隆、岡本真和、小川清功、加藤勝久、金子吉延、木村隆介、工藤徹、小林宣義、斉藤重義、斉藤匠、高橋三範、谷口剛、中田修一、中村大輔、原大悟、藤本篤志、船田丈博、古瀬智裕、前田泰三、松村拓、水口雄介、山本卓、山本信行、吉岡源太郎

45 期（22 名） 1994 年（平成 6 年） 卒業
荒巻孝治、池田哲、石田智之、伊藤工、占部徹、大久保憲晃、大沼照幸、岡田聡、岡田晋平、小川良太、片山大輔、草野正和、斉藤洪悦、桜井政人、佐藤潤、関晋、滝本雅治、豊原鉄也、中曽紀彦、古川卓、牧野雄太、山品博嗣

46 期（30 名） 1995 年（平成 7 年） 卒業
浅沼秀彦、池田太一、池田裕一、石丸隆磨、岩崎聖二、小潟巌、角英明、熊谷良、近藤祐介、佐藤大輔、重田慶明、島晃平、下倉一真、曾田俊輔、田口康孝、永渡基、長谷部敦彦、古庄弘和、古谷一剛、前田博文、松浦憲政、松原良樹、萬匠祐基、南口博孝、村田和之、森嶌正人、八百則和、山内大士、山本朋寛、米山仁

47 期（25 名） 1996 年（平成 8 年） 卒業
池内勇太、今井将、大石淳、大島利一、岡田忠行、岡田洋介、金子浩之、小島康敬、小松将士、佐藤勇治、周山利弘、千田堯邑、高田晋作、田窪一男、豊田昭悟、鳥塚泰、中村徹洋、広瀬義和、水野幹久、南肇、三縄宗太郎、山口武、葭江大将、世並佳史、渡辺俊介

48 期（22 名） 1997 年（平成 9 年） 卒業
石川賢太、大渕聖浩、加藤仁也、日下健太郎、近郷竜、近藤健太郎、桜井崇将、重田俊朗、白川武人、仙道洋介、高関仁、瀧川和馬、滝澤佳之、田口勇人、保立晋、牧野健児、松下江一、松下寛朗、松本健太郎、森陸史、山本宗慶、渡辺崇寛

49 期（23 名） 1998 年（平成 10 年） 卒業
安部安磨、飯島成治、石井克憲、石川喬司、和泉健太郎、岩澤省吾、小野健夫、風間仲、片山崇、神名茂樹、斉藤亙、斉藤耕、佐藤喬輔、佐藤望、下倉良佑、戸田真司、西山雄二、根津功、藤原泰治、本田典久、宮川憲治、秦雅年、谷野宏輔

50期 (21名) 1999年(平成11年) 卒業
板谷京、榎本政伸、大石武範、奥村浩志、上村康太、神山卓大、小岩井亮、佐野友則、清野大地、田口統太、塚田裁哉、津田孝、徳増大樹、豊田大生、永野篤志、中村圭佑、中山剛、馬場充俊、水津壮右、廻洋輔、横山晋平

51期 (21名) 2000年(平成12年) 卒業
姉崎亮太、岡谷登志春、加藤かい、鎌田崇史、神谷洋輔、川上力也、川上揚介、川村秀輝、栗原崇、小堀弘朝、小堀正博、小柳達郎、相良好昭、島田純一、堂内聖浩、當野雄介、根津志郎、林広大、福田智則、山下貴士、山田裕介

52期 (25名) 2001年(平成13年) 卒業
伊藤雄大、今井道和、牛田賢貴、大澤一寿、岡健二、掛川剛、笠井元、北嶋耕平、熊谷肇、神足学、齊藤優、座間高広、関翔太、豊山寛、中庭毅人、野原邦夫、濱田一人、村本和昌、森下寛隆、諸岡省吾、山岸陽介、山崎智之、山下貴広、吉中宏弥、吉野大

53期 (20名) 2002年(平成14年) 卒業
青木佑輔、芦川韻、飯尾勘一郎、飯島尚亨、五十嵐夕介、伊藤聡、井上智史、神谷悠穂、河合俊介、川尻瞬、古賀太平洋、佐藤光佑、鈴木雅博、賞雅尚樹、額賀孝之、羽沢俊亮、星野邦夫、牧野耕大、山元武、吉田隆之介

54期 (20名) 2003年(平成15年) 卒業
荒牧哲朗、石上貴之、上原久宣、江幡誠弘、大澤勇気、奥村悠、熊谷崇士、金野信、坂元修平、高須健、種本直人、千葉洸平、東条雄介、巴山儀彦、長沼大智、深澤泰山、堀内翔、宮崎智浩、山下晃平、吉野将

55期 (27名) 2004年(平成16年) 卒業
阿多弘英、新井光、石井卓也、今井恵太、梅原洋平、大熊雅寛、大庭雄太、皆良田勝、勝永健人、加藤公太、古賀大陸、小島浩太、斉藤大輔、笹田遊、茂野達郎、鈴木岳、砂田耕生、関泰斗、竹田裕志、田邊正太郎、友野啓已、中元次朗、堀切輝一、森橋雄太、守部毅、吉田峰弘、米谷匠未

56期 (24名) 2005年(平成17年) 卒業
上村朋弘、内山義紀、梅原健祐、大口哲広、大久保瞳、大路昌太郎、大山裕之、加藤謙太、亀山朋典、河野真人、小島洋平、小西僚太、曽根啓祐、瀧本悠、西村源一郎、野澤直紀、橋本樹、百武弘一郎、平林広大、益子宗大、松本憲和、三根大介、三宅俊介、山口貴弘

57期 (22名) 2006年(平成18年) 卒業
阿部慶介、荒山章彦、安藤清裕、石渡賢人、牛田隼貴、岡本隆太郎、金沢章太、久保剛士、小林賢次、齋藤楽美、坂野秀、清水直志、関戸英資、武田晋、竹田剛、多田基史、塚田哲生、日高彰郁、柳宏明、山

下貴義、渡辺仁、渡辺利紀

58期 (27名) 2007年(平成19年)卒業

相川博史、荒川和裕、石井彰太郎、和泉雅隆、岩井陸雄、岩澤慶吾、及川達平、大木優治、大澤良介、大塚智加人、岡田翔、小川洪平、金子大介、烏田一平、衣笠圭祐、鈴木章浩、高田祐樹、髙橋悠太、高山亮、田中健人、田中耕平、橋本憲典、原田大輔、廣長春樹、御供俊介、和田拓、渡辺篤哉

59期 (30名) 2008年(平成20年)卒業

石村森、伊藤拓巳、上野良太、大江大地、大口拓、大橋秀樹、小川知樹、加藤太朗、菅秀平、栗本勢、権昂貴、嶋崎真敬、下村真太朗、塚田剛大、土屋鷹一郎、花田和明、古田哲也、堀野輝里磨、眞柄勇希、益子仁紀、本島厚、森田健人、柳成人、山内遼太郎、山﨑大夢、山崎智朗、大和晃樹、山本隼人、吉本髙寛、和田聡

60期 (27名) 2009年(平成21年)卒業

石原慎太郎、伊藤尊、井上恭輔、梅原康平、遠藤洋介、小澤笙竣、金井淳、黒沢健、杉浦啓太、住谷仁太朗、関根隆宏、高橋健太郎、高橋悠、中西康、中野郁、中村淳、中村洋平、平田優介、平塚匠、平野裕馬、堀江孝佑、堀口裕二、本谷尋、山田亮介、肆矢俊浩、米村亮哉、米谷卓朗

61期 (28名) 2010年(平成22年)卒業

池田雄太、石川弘季、遠藤裕太、大黒田健人、小澤和人、黒田浩亮、佐々木大也、佐藤龍一、嶋沢隆慶、白井航太郎、須藤拓輝、高野祐史、高橋祐汰、高平祐輝、武谷泰、田中領、中澤竣、沼崎真之介、畑雄人、平原謙吾、古澤陸、松本憲幸、丸本卓瑠、三谷俊介、宮本信介、武藤拓也、山内健士郎、度會拓也

62期 (27名) 2011年(平成23年)卒業

畔上駿、阿部舜、市川理貴、伊藤慎志、海老原侑、大椙慎也、岡村直斗、楫野凱也、加藤友彬、金子剛啓、金子悠、兜森怜馬、小阪正明、近藤直弥、齋藤龍太、志村拓海、角夏樹、高橋洋晶、田崎伸行、那須恭介、服部祐一郎、桧山翔一、深津健吾、細田隆勁、宮内太郎、八木克憲、安田航

63期 (24名) 2012年(平成24年)卒業

相澤龍之介、石川剛、石丸健人、糸賀直輝、井上道徳、岩本龍人、大倉薫、大塚健太、岡田太朗、小田啓文、齋藤航太、佐藤聖也、塩野目大樹、須藤元樹、須永清也、島瀬拓也、高橋敏也、鶴留竜、蓮沼航、原島翔太郎、藤井雄之介、船木朝仁、和田成平、渡辺憲生

64期 (30名) 2013年(平成25年)卒業

阿部椋太、飯山竜太、大友崇史、上村駿太、木村祐樹、久保田凌、倉光雅弘、小林英明、今野誠之、櫻木楽哉、高橋健太、田中真一、田中慎也、徳田和也、豊田祥平、永井馨、中嶋翔平、中島雅人、平栗大士、

平松航、堀切厚輝、松村拓海、宮下大典、茗荷啓史、村山宏樹、森之博、山崎翔、吉田一貴、横尾一輝、渡邊健太

65期 (23名) 2014年 (平成26年) 卒業
相澤麟太郎、市川大喜、伊藤幹人、大貫豪斗、大沼真太朗、小谷海知、佐藤竜星、重政尚之、篠原学、杉本悠太郎、関颯紀、谷畑秀紀、沼部亮平、根本大介、羽田野湧斗、平野健、深見柊真、古田雄也、前田卓、三根洋介、山下啓吾、山本隆貴、吉川遼

66期 (31名) 2015年 (平成27年) 卒業
秋山裕弥、池田昂平、石丸直樹、市村和就、伊藤大介、今井裕太郎、大西訓平、大橋史矢、加藤達也、川瀬瑞生、栗原慎治、小山聖人、佐藤航大、佐藤大幹、品田薫兵、島裕起、志村優一、真貝隆平、高橋昴大、外岡悠太郎、豊田康平、永田進乃介、中司健斗、原島航佑、平松崇史、藤井遼、藤本秦平、古市龍馬、森清泰介、矢野光輝、山本大旗

67期 (30名) 2016年 (平成28年) 卒業
有賀光生、内野洋志、穎川雅大、緒方智哉、岡崎武虎、岡本壮平、梶浦翔、川合秀和、川端隼人、郷地慶、齋藤泰雅、坂本龍哉、佐藤諒、山同走、島田悠平、富井航太、中川遼、中里竜一、永春勝章、楢崎彰太郎、保坂歩、本城晃、藤瀬淳、藤林健太、槇海都、宮内隆貢、矢野航平、山﨑嵩浩、山田利紀、横田優真

68期 (31名) 2017年 (平成29年) 卒業
安部勇佑、伊藤大貴、伊藤幹生、小野壮大、片岡篤宥、菊地敦士、北川周、北原璃久、倉上僚太郎、桑山太一、小林祐輝、佐藤凜、柴大河、鈴木開斗、鈴木健太、龍岡慶、千葉洋介、飛澤雄平、中山渓斗、橋本慶太郎、平松東悟、星谷俊輔、増田創太、松山幸平、本野凜太郎、森本俊介、山口恭平、山田剛瑠、横田龍輔、横塚奨偉、横山太一

69期 (31名) 2018年 (平成30年) 卒業
秋山瑞樹、阿久津宣皓、朝倉貫太、朝田将多、阿部直孝、池田陽大、石塚悠太郎、植村真成、臼田湧人、大石康太、大﨑哲徳、衣笠竜世、後田将人、小柳圭輝、齋藤学、佐々木蓮、澤田昂汰、髙橋駿、武田佳樹、田辺航太郎、遠山拓、中西翔太郎、保坂希、本田颯太、松村壇、武藤啓亮、山中悠椰、山室諒汰、山本渓太、山本凌介、吉田智陽

編集後記

二〇一六年の夏、ＯＢ会役員が集まり、「七〇周年に向けて何か記念となる物を作れないか？」ということから、この本を出版する話が始まりました。「指導者が変わっても時代が流れても、久我山は高校ラグビー界のトップにいなければならないのだ」と言う中村先生の言葉、その理念を現役にどう伝えるか、それを考えようということになり、竹内部長（当時監督、29期）に相談しながら色々と考えました。

久我山高校は一面取れるグランドも無く、平日は18：30完全下校、朝練禁止と、決して練習環境に恵まれているとは言えません。それは昔から変わりません。それでも、工夫を凝らして練習を行い、毎年日本一を目指してきました。日々の練習は日本一になるためにやっているのだということを忘れずに、現役には頑張ってもらいたいものです。

社会人となり仕事で挨拶を交わせば、「あの久我山ＯＢなのですか？」と声をかけられることが多々あります。「久我山ラグビー部ＯＢ」ということで一目置いてもらえる時もあります。あくまでも目標は日本一の「久我山ラグビー部」を、各代が伝統を引き継ぎながら、さらに自分たちの代の歴史を加えて、次の代へ引き継いできたからこそ、そのように思ってもらえるのです。最後に全国大会で優勝してから約20年経ちました。中村先生が礎を築いた久我山ラグビー部がどのような環境で作り上げられてきたのか、今一度振り返ってみるべき時期なのだと思います。歴史を思い返し、OBと現役が一体となり、日本一を目指す環境を作り上げて行くために、この本が一助となることを願いながら、編集作業に携わりました。

OB会として、指導されている先生（OB）や現役をサポートできる事がもっと何かないだろうか？　現役の事を気にしてはいるがなかなか試合や練習を見に行けない……そのようなOBにも積極的にグランドに来てもらえるような工夫が出来ないだろうか？　という事を日々考えています。現役を気にかけているOBたちが「情報を得やすい」「現場に来やすい」「試合会場でみんなで応援しやすい」環境作りを目指して、OB会役員で話し合った末に、facebookページを開設しました。OBコーチや平日OBトレーナーの導入などを実施して、現役のサポートと共にOBの参加しやすい環境づくりも行っています。また、ラグビー部のOBだけでなく、久我山のOB、OGも今のラグビー部を応援してくれています。その父母・ご家族も応援してくれています。沢山の人たちに関わってもらいながら、今の現役を、そして未来の後輩たちをサポートできる体制、環境を作りたいと思っています。現役の皆さんは、これからも伝統を引き継ぎ、歴史を上塗りし、次の代へ繋いで行ってください。そしてOBは積極的に現役の応援に来てください。

最後になりますが、ラグビー部をサポートしてくれる國學院大學久我山高校関係者、子供たちをサポートしてくださっている父母・ご家族の皆様、そして今回編集のご協力いただいた鉄筆の渡辺様に厚く御礼申し上げます。

「我ら久我山。我らラガー」

二〇一八年二月

四〇期　羽賀尚武（ＯＢ会広報・渉外・幹事長補佐）

【ＯＢ会費振込口座】
三菱ＵＦＪ銀行　吉祥寺支店
普通口座　２４２８９７９
国学院大学久我山高校ラグビー部ＯＢ会

部歌

作曲　間紀　徹
作詞　千勝　三喜男

時こそ至れ　行かんかな
雷鳴轟く　天に蹴り
寒風荒ぶ　地に走る
いざ組めよ　骨軋むまで
いざ散れよ　疾風の如く

脈打つは　ああ勇気
磨くは　ああ男児

苦節に築く　伝統の
我ら久我山　我らラガー

（昭和四十六年制定）

主な略称一覧（登場順）

【高校】 久我山＝國學院大學久我山高等学校／秋工＝秋田工業高等学校／目黒＝目黒高等学校（現・目黒学院）／大工、大工大＝大阪工業大学高等学校（現・常翔学園）／啓光＝啓光学園高等学校（現・常翔啓光学園）／仰星＝東海大学付属仰星高等学校／昌平＝昌平高等学校／千歳＝東京都立千歳高等学校／八幡工＝滋賀県立八幡工業高等学校／大東一＝大東文化大学第一高等学校／明中＝明治大学付属中野高等学校／相模台＝相模台工業高等学校／黒工＝黒沢尻工業高等学校／盛工＝盛岡工業高等学校／浪商＝大阪体育大学浪商高等学校／舞鶴＝大分舞鶴高等学校／早学＝早稲田大学高等学院／伏見＝伏見工業高等学校（現・京都工学院）／青学＝青山学院高等部／早実＝早稲田実業学校高等部／京商＝京王商業学校（現・専修大学附属高等学校）／熊工＝埼玉県立熊谷工業高等学校／国栃＝國學院大學栃木高等学校／福高＝福岡県立福岡高等学校／松商＝愛媛県立松山商業高等学校

【大学】 日体＝日本体育大学／大東＝大東文化大学／青学＝青山学院大学／明大＝明治大学／国大＝國學院大學／流経＝流通経済大学

【その他】 関東大会＝関東高等学校ラグビーフットボール大会／全国大会＝全国高等学校ラグビーフットボール大会／都大会、都予選＝全国高等学校ラグビーフットボール大会東京都予選／国体＝国民体育大会／高体連＝全国高等学校体育連盟

参考資料

久我山高校ラグビー部「OB通信」製本（第1号～第102号）／『燃え続けて。』久我山高校ラグビー部創部50周年記念誌／KUGAYAMA R.F.C. 創部60周年記念DVD／『私学の歳月』佐々木周二著（おうふう）／『精魂尽して颯爽たり』佐藤忠男著（秋田魁新報社）／『アルバム八幡山春秋』（ベースボール・マガジン社）／ラグビーマガジン（ベースボール・マガジン社）／毎日新聞

本書は、久我山高校ラグビー部「OB通信」を元に、歴代資料と書き下ろし原稿を加えて構成しています。「OB通信」と歴代資料には加筆・修正をしていますが、大部分が発表当時のままとなっています。本文中には今日の観点からみて不適切と受け取られかねない表現がありますが、発表当時の時代的背景や資料的価値等を考慮して原文通りといたしました。

中村《なかむら》　誠《まこと》

1936年、東京都武蔵野市吉祥寺にて出生。52年、國學院大學久我山中学校卒業。55年、高等学校卒業。59年、日本体育大学卒業、國學院大學久我山中学・高等学校に奉職。同時にラグビー部監督に就任。63年、「柔道整復師」免許試験に合格。64年、第12回関東高校ラグビー大会に初出場。69年度、第49回全国高校ラグビー大会に初出場。75年度、第55回全国高校ラグビー大会において初の全国制覇を成す。86年度までに監督として優勝4回。97年度には部長として5回目の優勝を果たす。以後、指導部長・副教頭、中学部長・教頭を歴任。2002年3月、定年にて退職。同年4月、國學院大學ラグビー部監督に就任。2008年、総監督に就任。2010年に退任後は、昌平中学・高等学校ラグビー部総監督に就任。現在に至る。

一所懸命　ラグビーは教育だ！

著　者　**中村　誠**

2018年4月24日　初版発行

編集者　渡辺浩章（鉄筆）、羽賀尚武（OB会広報）
発行者　國學院大學久我山高校ラグビー部OB会
facebook.com/kugayamarugby/
発行所　株式会社　鉄筆
〒112-0013　東京都文京区音羽1-15-15
電　話　03-6912-0864
印刷・製本　株式会社ミツノ・セールスプロモーション

落丁・乱丁本は、株式会社鉄筆にご送付ください。
送料は小社負担でお取り替えいたします。
定価はカバーに明記してあります。

ISBN 978-4-907580-15-5　Printed in Japan

～鉄筆が刊行しているラグビーの本～

人類のためだ。
ラグビーエッセー選集

藤島大

本体価格1600円＋税

明日の炎天下の練習が憂鬱な若者よ、君たちは、なぜラグビーをするのか。それは「戦争をしないため」だ。(「体を張った平和論」より）——ラグビーマガジン、ナンバー、Ｗｅｂ連載、新聞紙上等で長年執筆してきた著者の集大成。ラグビー精神、ラグビーの魅力と神髄に触れる一冊。あとがき「そうだ。自由だ！」。カバーデザイン＆イラストレーション／Kotaro Ishibashi（国立高校ラグビー部OB）

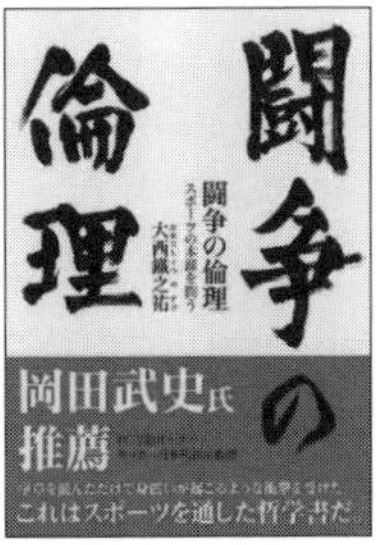

闘争の倫理
スポーツの本源を問う

大西鐵之祐

本体価格1500円＋税

戦場から生還後、母校・早大のラグビー復興と教育に精力を注ぎ、日本代表監督としてオールブラックス・ジュニアを撃破、イングランド代表戦では３対６の大接戦を演じた戦後ラグビー界伝説の指導者。「戦争をしないために、ラグビーをするのだ！」と説く、思想・哲学の名著を鉄筆文庫化。監修／伴一憲、大竹正次、榮隆男。推薦／岡田武史。解説／藤島大。題字／川原世雲

知と熱
ラグビー日本代表を創造した男・大西鐵之祐

藤島大

本体価格1000円＋税

世界に真剣勝負を挑んだ「最初の男」は、寄せ集めの代表チームを、いかにして闘争集団「ジャパン」へと変革したのか。闘争のただなかから反戦思想を唱え続けた伝説の指導者・大西鐵之祐79年の生涯を描いた渾身作。早稲田大学ラグビー部OBの著者が恩師のラグビー＆人生哲学に迫る。第十二回「ミズノスポーツライター賞」受賞作。

カラシイ」というスポーツ観がその根底にあるのだ。ケットバシテ
りたい。まさに唾棄(だき)するに値するヤツラである。
間の世界に、努力はしなかった、学問が嫌いだった人間で偉大な
者がいるか! 私が言ったらおかしいが、あの偉大なる科学者
ニュートンが、「万有引力の法則」を発見して一流の評価を受けた時
は浜辺に貝がらを拾って遊ぶ少年にすぎない。私の前には未知の海
が広がっている」と語ったという。この謙虚さ、この意味がわかる
コノヤロウ。
ばらく前の大横綱双葉山は、69連勝という前人未到の大記録
立てながら、なお「いまだ木鶏(もくけい)たり得ず」と言って一層精
して努力精進したという。　わかるか コノヤロウ。
精神的にも肉体的にも、イノチをかけて精進し努力した者こそが勇者
なのだ!!　練習もせず、努力もせず、たまたま勝負に勝ったヤツは
またま勝っただけ」であり、「たまたま生きていただけの価値がないヤツだ」
なヤツラの「自分勝手な発言」「自己中心的行為」にオドロキ、トマドイ
て、それをとりあげて書くジャーナリズムも気にくわねー。良いコト
良い、まちがっていることはまちがっているとハッキリ言ったらどうだ!
人類どもメ、イイ気になるな、いつの世でも「努力の尊さ」は変らないのだ。
れは歴史が証明しているではないか。苦悩を通してこそ真の歓
があるのだ!　昨今の「新人類」などと言われる選手たちは、結局の所、科学的
合理的トレーニングなどと言葉をカクレミノにした現実逃避型人間どもで
自己修養を考えない刹那主義的人間ドモであるのだ!
ャーナリズムも、これら「才能あるバカ者ども」に対して、その非礼・無
を叱責し、反省をうながすことを書いて(言って)ほしい。それをせずに、
人類」などという新語でかたずけ、甘やかしているではないか!
ヤカスほうもアマヤカサレルほうも、ものごとを正面から見る、ものご
とマトモに取り組む心の姿勢をもてテェーダ!　マトモに見つめるのがハ
ズカシイのか? コワイのか? しっかりしろテェーダ コノヤロウ。
んなことにも、イッショウケンメイに、汗を流して練習を反復して
力することに価値があるのだ。わかったか!! 新人類ドモメ! 文句アルカ!
(9月に書きかけたが間に合わず今回になってしまいました)